関ヶ原合戦

家康の戦略と幕藩体制

笠谷和比古

講談社学術文庫

学術文庫版への序文

筆者の旧著『関ヶ原合戦』（講談社選書メチエ、一九九四）がこのたび講談社学術文庫の一冊として再刊されることとなった。筆者の幕藩体制史研究の歩みにおいて重要な一里塚をなしてきた同書が、これまで数多くの名著を収めてきたこの学術文庫の仲間入りをできたことは望外の喜びと言わなければならない。

旧著の刊行から十年余の歳月が経過した。ここで来し方をふりかえり、旧著刊行によって世に提示した同書の新見解が、その後どのような評価を受けているかに触れておきたい。

まず関ヶ原合戦に対する根本的な認識の変更を迫った問題、すなわち同合戦は単なる豊臣と徳川との覇権闘争ではないこと、かつ同合戦は家康と徳川家にとって、永続的な天下支配のための盤石の態勢をもたらしたとする従来の通説、通念は誤りとする見解である。これは以下の三つの命題からなっている。

第一は、家康の率いる東軍の構成では徳川の軍事力が劣弱であり、むしろ家康に同盟した福島正則以下の豊臣系武将の軍事的比重がきわめて高かったこと。第二は、徳川主力軍は家康ではなく、中山道を進む徳川秀忠に率いられていた部隊の方であり、同部隊が信州上田城の真田昌幸との戦いに手間取ったために、徳川主力軍が関ヶ原合戦において欠落する結果となったということ。第三は、戦後の全国的な領地再配分において、西軍からの没収地の大半が家康に同盟した豊臣系武将たちに分与され、家康と徳川勢力が獲得した領地は全国の三分の一でしかなかったこと。以上である。

この三命題からなる関ヶ原合戦像の根本的変更であるが、にもかかわらず、旧著に対する書評などを閲してもこの点に関する反論、異論は提出されておらず、三命題ともに最も抵抗なく受け入れられているようである。

次に、関ヶ原合戦の前年に生じた、豊臣七将による石田三成襲撃事件である。大坂にあった三成は伏見へ逃れ、そして家康屋敷に駆け込んで保護を求めたということが長く常識として受け入れられていた。時代劇でおなじみであるだけでなく、歴史学上の史実としても長く信じられてきた。旧著は、この事実認識が誤りであり、三成が入ったのは家康の屋敷ではなくて、伏見城の一郭である治部少曲輪《くるわ》のうちにある自己の屋敷であるとする認識を示した。

果たして、この認定に対しては各方面で猛烈な反発がうずまいたものであった。著者自身、ほんとうに自説に落ち度、史料の見落としは無いものだろうかと内心疑義をぬぐえていなかったほどである。しかし十年余の歳月を経たいま、テレビドラマ・時代劇は知らず、旧著の提示した説は確固たる定説の位置を獲得しているように見える。

旧著では関ヶ原合戦を引きおこした主要因の一つに、淀殿と北の政所との確執があるとする認識を示し、その根拠として本書一〇〇―一〇一ページに掲げている、浅野幸長・黒田長政の連名による小早川秀秋宛の書状の意義を指摘した。しかしこれに対しては、淀殿と北の政所との間に対立は存在しなかったこと、筆者の右書状に対する解釈は誤りであるとする指摘がなされている。この批判は筆者にとって全く意外なことであったが、これは小早川秀秋の寝返りの根本理由が何であったかの理解にもかかわる重要問題であるので等閑に付すことはできず、本書一一六ページに特に補論を設けて徹底的に論究した。読者諸賢の判断にまちたい。

関ヶ原合戦後の政治体制を豊臣・徳川の二重公儀体制と位置づけた問題は、現在もなお賛否半ばする進行形の論争点をなしている。とはいえ、関ヶ原合戦後の政治世界において秀頼と豊臣家とがなお特別の地位を保持しており、摂河泉六五万石の一大名に転落したわけではないとする認識は、高木昭作・朝尾直弘御両氏をはじめとする主要な近世史研究者が共に提示されているところであって、特に突飛な説というわけではない。むしろ同合戦後における豊臣秀頼の地位を一大名に転落したと見なす旧説の方が、現在では少数派であると言ってよいであろう。

問題は、豊臣秀頼の政治的地位が一大名に転落していなかった場合、それをどのように位置づけるかという点にある。著者の二重公儀説もこのような研究の動向を踏まえて立論されているのであって、その問題となっている位置づけをめぐる一つの解答にほかならない（ちなみに、自余の研究者からは筆者のような明確な形での解答案は現在のところ提示されていない。個々の事実が指摘されるのみである)。

著者の見解は本文に詳述しているとおりであるが、ことに京都以西の西国方面には徳川系の大名領地がいっさい設けられていないという事実、慶長一一年の江戸城築城をめぐる天下普請に際して、豊臣秀頼の直臣二名が普請奉行として工事を管理する立場でこれに参画していたという事実、そして豊臣家の領地は摂河泉三ヵ国六五万石に限定されることなく、秀頼直臣の給人知行地が西国一帯の広範囲にわたって分布しており、幕府における旗本知行地の分布形態と東西相呼応した一対の見事な対称形を描いていたという事実、これらの事実は二重公儀説を裏付けるものであるとともに、二重公儀説を抜きにしては説明不能ではないかと考える次第である。

関ヶ原合戦に関する研究は、単なる合戦そのものだけの研究にはとどまらない。それは二重公儀説や西国問題もふくめて、合戦後の政治体制を分析解明するための研究へとつながっていく。戦争の勝敗とその帰結のあり方は、後続する戦後の政治体制を根底的なところにおいて決定する規定力を有するからである。

それは西国方面における豊臣系国持大名の集中配置と、他方では徳川系領国が全体の三分の一でしかないという幕藩体制の全国的な領地構造がこの関ヶ原合戦によって決定されているという事実が端的に証明していることであり、幕藩体制の初期条件をなしているこのような特異な領地構造に対する理解は、関ヶ原合戦の研究をぬきにしては不可能だということである。従来の幕藩体制史の研究は、この重要な関係についての顧慮があまりに不十分であったように感じられる。もとより本書によってその関係が十全に解明されたということにはならないであろうが、問題解明のための道筋はつけられたのではないかと思っている。

率直に言って、日本の社会では合戦、戦争の問題はともすればその悲惨さが声高に訴えられているばかりであって、軍事史のような専門世界を別にするならば、歴史学界もふくめて冷静な学問的研究が進められていないという憾《うら》みを禁じ得ない。しかしながら戦争研究は、その原因究明の観点においても、戦争の帰結が続く時代に及ぼす規定性の観点においても、問題の核心部分を解明しうる大きな可能性を蔵した政治史研究にほかならないのである。現代の日本社会では、残念ながらこのような観点が長きにわたって没却されてきた、否、封印されてきたと言ってもよいのではないだろうか。本書のような試みが、呪縛の封印を解き開く機縁ともなってくれれば幸いである。

今回、旧著がこのような形で講談社学術文庫の一冊に収められるにあたっては、同文庫出版部長林辺光慶氏の御尽力によるところが大きかった。記して謝意を表すものである。

平成一九年一一月　　著　者

はじめに

慶長《けいちょう》五年九月一五日（西暦一六〇〇年一〇月二一日）、美濃《みの》国関ヶ原の地を舞台に繰りひろげられた関ヶ原の合戦は文字どおり天下分け目の戦争であり、豊臣秀吉亡き後の新たな政治体制を決定するという時代の画期をなすものであった。

合戦の前日の九月一四日、同国の大垣城に集結していた石田三成《いしだみつなり》のひきいる西軍の大部隊は夜半になって、おりから降りはじめた秋雨のなかに身を隠すようにして大垣城から移動をはじめ、南に大きく迂回《うかい》したのち、南宮山《なんぐうさん》の麓《ふもと》を西進し牧田路を通って関ヶ原へと入り、徳川家康のひきいる東軍をこの地に迎え撃つべく布陣した(1)。

大垣城から一里余の距離にある中山道の赤坂の地に在陣していた家康ひきいる東軍は、深更におよんで西軍移動の情報をつかむとともに、ただちに進撃の態勢を整え、石田方西軍の待ちうける関ヶ原に向かって兵をすすめた。こうして東軍七万余、西軍八万余という、かつて例を見ぬ規模の軍事力を投入して、一国の政治支配の帰趨《きすう》を一挙に決するという歴史的な会戦がおこなわれようとしていた。

だが関ヶ原の地から目を転じたとき、ここにまた重要な意味をもつ一群の将士が、この地をめざして昼夜兼行の強行軍をつづけている光景に出会うのである。それは家康嫡子の徳川《とくがわ》秀忠《ひでただ》がひきいて中山道を西上している三万余の軍勢であった。しかしながら秀忠隊はこの九月一四日の時点において、信州筑摩郡本山《もとやま》の地を出立したばかりであって、木曾路にすら未《いま》ださしかかっていなかった。西軍石田方に属した真田《さなだ》昌幸《まさゆき》の立《た》て籠《こも》る信州上田城の攻略に時日をむなしくし、ついに関ヶ原の合戦に遅れることとなってしまったのである。

しかもいっそう重要なことは、この秀忠のひきいていた三万余の軍勢は、結論的に言うならば、徳川の主力軍であったということである。この戦争の全体をとおして、徳川の主力軍をひきいていたのは家康ではなくて秀忠であった。つまり関ヶ原の合戦において家康の周囲にあったのは徳川の主兵力ではなかったということであり、換言するならば、徳川主力軍の不在のままに関ヶ原の合戦は戦われていたということになるのである。これまでの関ヶ原合戦の研究のなかで看過されてきた、右の事実の解明と論証こそ、本書の中心的なテーマをなす。

そして、この事実はどのような重みをもつのであるのか。この事実を踏まえたとき、関ヶ原合戦における家康の勝利とは、どのような政治的内容を付与されることになるのであろうか。このような観点において、関ヶ原合戦の軍事的意味と政治的意味との、双方にわたって再検討することが重要な課題となる。それはまた、関ヶ原の合戦につづく家康の征夷大将軍任官と徳川幕府の成立の意義についても、さらにはそれを基軸とする徳川幕藩体制の性格についても、これまで以上に立ち入った分析を求めることとなるであろう。

目次

関ヶ原合戦

家康の戦略と幕藩体制

第一章　豊臣政権とその崩壊

1　秀吉による天下統一

関ヶ原合戦の意義とは

本章では、関ヶ原合戦に先立つ豊臣政権の形成と推移のありさまを、いくつかの主要問題に即しながら見ていくことにしよう。関ヶ原合戦の性格は、豊臣政権のなかで胚胎《はいたい》していった諸問題や政治的矛盾との関係において眺めることによって、よりよく理解することができるのである。

つまり関ヶ原合戦を慶長五年九月一五日に起こった一日の出来事としてとらえるのではなく、この合戦にいたる経緯、この合戦が何故に発生し、この合戦の勝敗によって何を決着させ、そしてその合戦後にどのような政治体制を構築しようと当時の人びとは思っていたのか。どのような歴史的展開のなかで、どのような意義を担うべき事件であったのかを、できるだけ多角的な観点において分析していくことが必要と考える。

織田領国を継承する

天正《てんしょう》一〇（一五八二）年の本能寺の変に織田信長《おだのぶなが》が倒れたとき、信長麾下《きか》の武将たちは、信長の天下統一の戦略にしたがう形で、全国各地において諸方の戦国大名と対峙のただなかにあった。(1)

柴田勝家《しばたかついえ》は北陸方面で越後の上杉景勝《うえすぎかげかつ》と戦い、羽柴秀吉《はしばひでよし》は中国路を西にすすんで毛利領国を攻略しつつあり、滝川一益《たきがわかずます》は旧武田領国の上州に入って関東の後北条氏《ごほうじょうし》とにらみあい、丹羽長秀《にわながひで》は神戸信孝《かんべのぶたか》（織田信長の三男）とともに長宗我部《ちょうそかべ》征討のために大坂において四国渡海《とかい》の用意をしていた。

それゆえに信長が明智光秀《あけちみつひで》に討たれたとき、畿内は一種の真空状態にあって、光秀に対して組織的な反撃を加えられる条件が整っていなかった。丹羽長秀が光秀にいちばん近い場所に兵を有していたが、長秀はとつぜんの事態の発生に狼狽《ろうばい》して、なすべき対処の方途《ほうと》を見出せないでいたようである。

そのようななかで秀吉のみが変を知るや、ためらうことなく毛利方との講和を取りまとめ、ただちに兵を引きつれてとって返し、畿内近国の織田方勢力を糾合して光秀との決戦に臨み、山崎の合戦にこれを討ち滅ぼした。

主君信長の復仇《ふっきゅう》を果たした羽柴秀吉は、織田家中において一躍重きをなすにいたったが、しかしそれだからとて、ただちに織田信長の獲得した天下が秀吉の手中におさまるものではなかった。そこにいたるには、競争者たちとの長い覇権闘争を必要とした。

まず死亡した織田信長の後継者の選定問題から闘争は始まる。同年六月の清洲《きよす》会議では信長の嫡孫《ちゃくそん》にして織田信忠《のぶただ》の子である三法師《さんぼうし》（織田秀信《ひでのぶ》）を後継者とし、その叔父たる信雄《のぶかつ》・信孝兄弟が後見をなすということで、ひとまず決着をつけた。しかしその直後より信雄、信孝のあいだで確執が生じ、これに織田家臣団内部での羽柴秀吉と柴田勝家の覇権争いが結びつくかたちで、同一一年の賤《しず》ヶ岳《たけ》の戦いが起こり、同合戦のなかで柴田勝家は滅亡した。勝家と結んでいた信孝も追いつめられて自害し、ここに秀吉による織田領国の事実上の継承がなされた。同年から始められる大坂城の築城はその象徴的な出来事であったと言えよう。

長久手の戦い

しかし織田信雄は秀吉のこの態度を快からずとした。そして徳川家康と同盟を結んだうえで秀吉に対抗したことから、同一二（一五八四）年の三月から四月にかけて尾張国を舞台とした小牧《こまき》・長久手《ながくて》の戦いが展開された。(2) 家康は小牧山を本営とし、秀吉は楽田《がくでん》の地に陣して、両雄ともに大軍を動員して正面から対峙《たいじ》したこの合戦であったが、両者持久戦に入り、膠着《こうちゃく》状態のままに終始して決着をつけることはできなかった。

しかも秀吉にとって手痛い打撃となり、のちのちまでも家康に対して負い目を引きずるはめになったのが、本合戦の局地戦となった長久手の戦いである。すなわち小牧の戦いの膠着状態を打開すべく、秀吉方武将の森長可《もりながよし》と池田《いけだ》恒興《つねおき》は献策して、家康が小牧に釘づけになっているすきに、別働隊をもって徳川領国に乱入し、すすんで岡崎城を攻略する案を唱えた。

秀吉はこの冒険的な戦術案に最初ためらいを示したが、他に代わる打開策も見いだせない状態であったことから、結局これに同意し、自分の甥《おい》の三好《みよし》秀次《ひでつぐ》（のちの関白秀次）を総大将として、池田・森らの部隊とも合わせて二万余の大軍を編成して三河方面へ送り出した。しかしこの動きは家康方の察知するところとなり、秀吉方部隊は長久手の地で、急追する榊《さかき》原康政《ばらやすまさ》らの徳川諸隊によって背後から不意をつかれる形で攻撃を受けた。

まず三好秀次の部隊が壊乱状態となり、秀次はかろうじて戦場を脱出して一命をとりとめた（白山林《はくさんばやし》の戦い）。その前方を進んでいた池田・森の部隊は、兵をとって返して徳川の急襲部隊をいったんは撃退したが、このとき、同地に家康自身のひきいる徳川本隊一万余が到着した。池田・森の部隊は仏ヶ根の地で家康の部隊との決戦におよんだが、井伊《いい》直政《なおまさ》、榊原康政らの諸隊に攻めたてられて全滅にちかい総崩れのありさまとなり、一軍の大将たる森長可そして池田恒興があいついで討たれて、その首級を奪われた。

急変を聞きつけて秀吉も援軍を同地に派遣したが、家康はすでに全軍を同地の小幡《おばた》城に撤収してしまっていたために、秀吉方はなすところなくして空しく引きあげるのみであった。この戦いは秀吉の完敗に終わったと言わなければならないであろう。

小牧の戦いは結局、秀吉と織田信雄が講和を取りむすぶことによって終結を見たが、秀吉としては、家康を屈服せしめえなかったばかりか、長久手の敗北によってのちのちまでも家康に対して負い目を残すこととなったのである。

朝廷官位の威力

そして秀吉が朝廷の官位に執着を示し、天皇の権威をもちだしてその覇権の確立に援用するようになるのも、この小牧・長久手の合戦が不調に終わって以後のことであった。秀吉はここで軍事的失態の傷をいやし、軍事的圧伏にかわる別の手段をもってする天下統一の方策として、朝廷官位と天皇権威による支配というありかたを前面に持ちだすこととなるのである(3)。

秀吉の官位の昇進は異常な早さを見せており、小牧の戦いが終わった直後の天正一二(一五八四)年の一〇月に叙爵《じょしゃく》(官位が従五位下となること)し、あわせてその月のうちに従四位下参議まで昇進し、翌一一月に従三位権大納言に叙任されて公卿《くぎょう》に列している。

さらに翌天正一三年三月に正二位内大臣という、彼のような血統上の由緒をもたない出自《しゅつじ》の者としてはまったく破格の高位の身分へと昇進する。

そのころ関白職の就任をめぐって、現職の関白である二条昭実《にじょうあきざね》と左大臣の近衛《このえ》信輔《のぶすけ》とが相争うという事件が起こった。この係争はなかなか決着がつかなかったので内大臣である秀吉のもとに裁定が委ねられたのであったが、秀吉はこれをよき機会として、みずからが関白に就く意向をあきらかにした。右大臣菊亭《きくてい》（今出川）晴季《はるすえ》が秀吉に勧めて、お膳立てをした結果であるとも言われている。

関白職はもとより近衛・鷹司《たかつかさ》・九条・二条・一条の五摂家《ごせっけ》の独占するところであって、五摂家以外の者が就くことも前代未聞《ぜんだいみもん》ならば、秀吉のような由緒なき者が関白になるなぞ、公家社会の人間にしてみれば驚天動地《きょうてんどうち》の出来事であった。しかし秀吉は、関白は天皇の代行者として天下を治めるべき職であるのに、今の五摂家では一国一地方すら満足に従えることのできないていたらくであり、それに比すれば自分ははるかにましではないかと言いはなったものである。(4)

秀吉は、信輔の父にして元関白の近衛前久《さきひさ》の猶子《ゆうし》（名義上の子）となり、同年七月に従一位へ昇叙して関白に任ぜられた（翌年には太政大臣も兼ね、あわせて豊臣の姓を朝廷から与えられた）。前久もまた秀吉が天下を実際に掌握しうる実力者であり、そのような者が関白職を保持するのは当然であり、公家社会もまたそれを受けいれるべきであるという考えをもっていた。秀吉あっての朝廷であり公家社会であるという考えが次第に浸透していった。(5)

秀吉と朝廷・公家社会との協調関係は良好のうちに発展していき、秀吉の天下統一戦略も、そして宿敵徳川家康の臣従化もまた、この路線のうえで実現されていく。すなわち天正一四年一〇月に徳川家康を上洛《じょうらく》させて自己に臣従させることに秀吉は成功するが、軍事的に屈服させることができなかったのにもかかわらず、家康をして秀吉に臣下の礼を取らせることができたのは、じつにこの関白という地位があればこそのことであり、その背後に天皇の権威をいただくというかたちを取るがゆえのことであった。

関白職の政治性

関白職はもとより公家の官職であり、公家社会における最高位を意味している。しかもこの関白職をもって武家領主と武家社会を統合する権威的地位とするためには、それまでの公家的論理、律令《りつりょう》的権限とは別個の武家的論理が必要となる。

ここで統一政権たる公儀を主宰する関白職の政治的意味について考えておかねばならないのであるが、この関白という本来は公家の最高位たる官職に、軍事的権力としての内容を付与することによって、同時に武家領主の統率者としての意義をも兼備させ、公武両界を支配する地位として、それを基軸に政治体制を構築したのが豊臣秀吉であった。(6)

関白職なるものについて秀吉は、天皇より「御剣《みつるぎ》預り候」て「天下の儀きりしたがゆべき」職であると揚言し、この公家官職に武威を付与して、律令的権限のみならず軍事的統率者としての権能をも併せもたせたのである。(7)

そして秀吉の全国統一戦争も、関白職についての彼一流の公武統合論の観点から遂行された。それは後述のような「惣無事《そうぶじ》」と呼ばれる、全国各地での領土紛争をめぐる私戦の禁止と、秀吉の裁定への服従強制、そしてその違背者に対する制裁としての軍事討伐という形態をもってなされた。

そこでは、「日本六十余州の儀、改め進止《しんし》すべきの旨、仰せ出さるゝの条、残らず申付け候」(8)として、「叡慮《えいりょ》」（天皇の意向）によって日本六十余州の「進止」、すなわち全国統治の権限が関白たる自分に委任されていることが強調されている。このようにして関白秀吉の紛争裁定にしたがわぬ者を、この全国「統治」権に基づいて軍事的に討伐・制圧するのであり、あるいはこの目的のために武家領主を動員し、指揮・統率する権限を有することとなるのである。

このような論理をもって秀吉の関白職は伝統的な朝廷・公家・寺社の世界を支配するのみならず、武家領主たちの軍事的世界をも支配する権能を帯びた職位として位置づけられるにいたった。秀吉の天下支配は、右に見たような権限内容をもった関白職という朝廷官職を基軸として構築されていたのである。

「惣無事」の論理

秀吉は天下統一に向けて軍事的動員をかけるが、その統一は力ずくの征服ではなかった。藤木久志氏が明らかにされたように、それは「惣無事」という独特の平和の論理を前面に立てて、平和令に対する反抗者を制裁するというかたちをもった政治行為であった。天正一五

（一五八七）年の島津征伐も、同一八年の小田原征伐、つづく奥羽平定もこの「惣無事」＝平和の法理に則《のっと》るかたちで執行されたのである(9)。

全国各地の戦争、局地紛争に対して秀吉は、これら各地の領主たちによる紛争の武力的解決、自力救済を否定していく。日本六十余州を支配する権限は、天皇の全国支配権を関白として代行している秀吉にあり、したがって諸大名は所領争いをやめて停戦し、紛争の裁定を秀吉に委ねるべきことを宣言する。

九州の惣無事令のケースについて見てみよう。

天正一三年頃、島津《しまづ》氏の勢力は九州全土を制覇する情勢にあり、豊後《ぶんご》の大友義統《おおともよしむね》（宗麟《そうりん》の子）は秀吉に救済を要請した。これを受けて関白秀吉は天皇の命令に基づくとして、島津・大友の紛争当事者に停戦令を発した。すなわち九州諸大名の武力発動、自力救済を否定して、これらを秀吉の裁判権の下に包摂するとともに、その裁定に基づいて紛争対象領域の処理、帰属を強制執行しようとしたのである。

この九州における「国郡境目争論《こくぐんさかいめそうろん》」に対する豊臣政権の裁定は、島津・大友・毛利の三者を当事者としており、島津に薩摩《さつま》・大隅《おおすみ》・日向《ひゅうが》と肥後《ひご》半国・豊前《ぶぜん》半国の領有を認め（肥後半国・豊前半国・筑後《ちくご》を大友氏に返還）、大友に豊後・筑後と肥後半国・豊前半国を、毛利には筑前《ちくぜん》一国をそれぞれ与え、肥前《ひぜん》国については秀吉分領として高山右近《たかやまうこん》、小西行長《こにしゆきなが》のキリシタン大名を同地に入れ、長崎は教会領とするという内容であった。

しかしながら秀吉の裁定に対して島津義久《よしひさ》はこれを無視する姿勢を見せ、天正一四（一五八六）年七月、秀吉はこの裁定不服従を理由として島津征伐を発令し、諸大名を動員した。この秀吉出兵によって島津は武力的に制圧され、その領地は薩摩・大隅両国と日向一郡に縮小されたが、それは以上のような秀吉の公共的立場を揚言した紛争介入と、その裁定に対する違背を処罰する制裁行動という政治形態をもっており、けっしてむき出しの権力による武力征服といった性格のものではないのである。

天正一八年の小田原征伐もまたしかりであった。上野《こうずけ》国沼田領の帰属問題をめぐって、小田原北条氏が秀吉の裁定を無視して真田氏の名胡桃《なぐるみ》領までも武力併合したこと、さらには秀吉の再三の上洛命令を北条側が拒んだことを理由として出兵に踏みきったのである。

またそれにつづく奥羽平定も、伊達《だて》—蘆名《あしな》紛争に関する秀吉の裁定に対して、伊達政宗《まさむね》がこれを破って蘆名氏を滅ぼし、会津領を奪取したことに起因していた。

豊臣秀吉の政権は、このような惣無事令を基軸とした「平和」の論理を前面に押し出しながら、その裁判権と決定に服することを全国全領主に要求し、これに違背する者に対して武力制裁を行使するという形をとりつつ、その全国統一を推進していったのである。

太閤検地と石高制

天正一〇（一五八二）年、山崎の合戦で明智光秀を倒した直後に、秀吉は山城国の寺社領から所領の指出《さしだし》（耕地面積の自己申告書）を徴しており、これが太閤検地《たいこうけんち》のはしりとされている。ここでは竿入《さおいれ》（検地役人による実測）は行ってはいないが、それより後には版図の拡大がなされるとともに、その地に奉行人《ぶぎょうにん》を派遣して検地を実施していった。

太閤検地はその施行原則に基づいて、それぞれの大名の領内で実施されるだけでなく、いくつかの外様《とざま》有力大名の領内には豊臣奉行が派遣されて、彼らの手で直接に太閤検地が実施された。しかもその際に、当該大名領内に一万石ほどの太閤蔵入地《くらいれち》（豊臣氏の直轄地）が設定されており、大名領地に対する統制の軛《くびき》、領内政治に対する干渉の橋頭堡《きょうとうほ》としての役割をはたした。

天正一八（一五九〇）年の小田原討伐の余勢をかって、秀吉の軍隊は奥州平定へと進み、その平定の手段として太閤検地をこれら領域に実施していった。(10)検地による在地の掌握は、各地の大名・給人《きゅうにん》およびその所領に対する政治支配の有効な手段にほかならなかったのである。

秀吉は会津に入り、奥羽各地の大名・給人から人質を徴集したうえで、「山の奥、海は櫓《ろ》櫂《かい》のつづき候迄」という有名な文言を持つ指令を発して、同地方に対する検地を徹底的に実施した。この奥州の太閤検地は、さらにそののち葛西《かさい》・大崎一揆《いっき》、九戸《くのへ》政実《まさざね》の乱などの鎮定を機に一段と拡大され、伊達・最上《もがみ》領を含めて奥羽二国の奥深くまでも執行されていった。

ついで朝鮮出兵に際しては、統一軍役を諸大名領内から確実に調達するという名目のもと

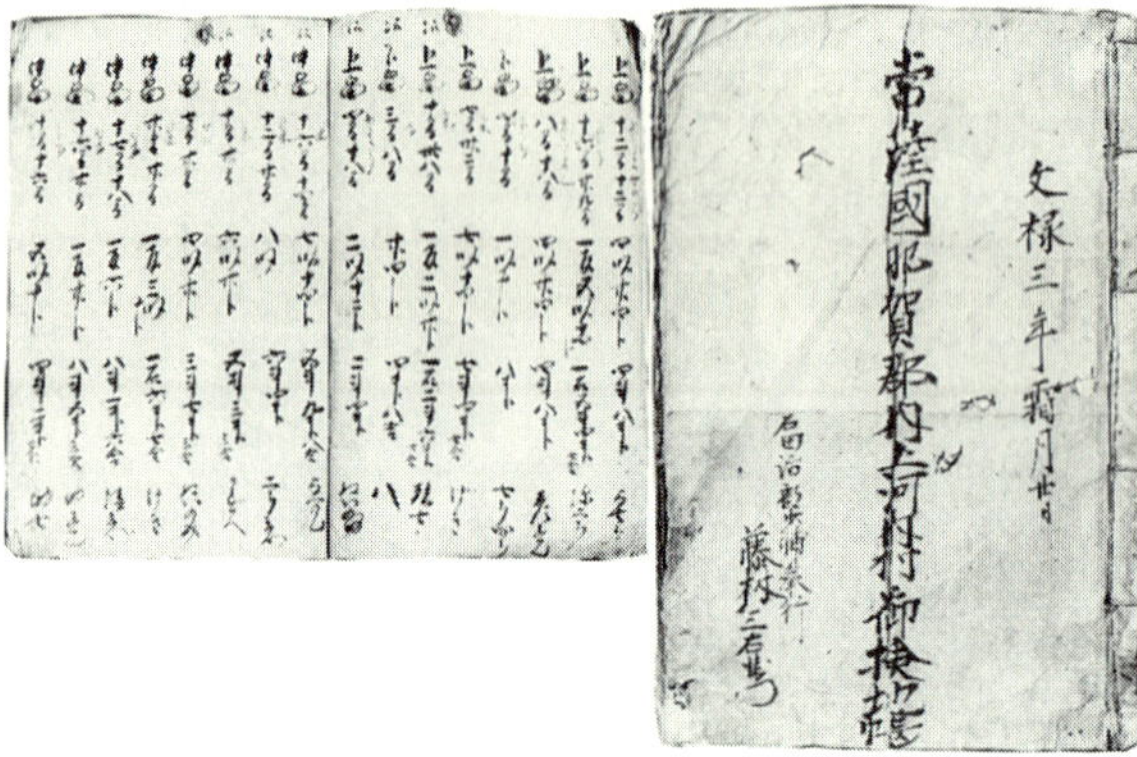

文禄三年佐竹領太閤検地帳（茨城大学図書館蔵）

に、豊臣奉行の手になる太閤検地が、あいついで外様有力大名の領内に施行された。

その一つが文禄《ぶんろく》三（一五九四）年、島津領国内に行われた太閤検地であった。[11] 検地奉行は石《いし》田《だ》三成《みつなり》と細川《ほそかわ》藤孝《ふじたか》（幽斎《ゆうさい》）で、この検地の結果、島津の総領地高は薩摩・大隅の両国および日向一郡五七万八〇〇〇石余とされた。しかしこの内に太閤蔵入地一万石と検地奉行両名の知行地分の約一万石が含まれていたのである。ことに太閤蔵入地は大隅国加治木《かじき》に設定され、島津氏の国府の居城から鹿児島湾へいたる出口の要衝が豊臣権力によって押さえられたかたちとなっている。

同年、常陸《ひたち》の佐竹《さたけ》領の太閤検地が行われた。[12] 検地奉行は石田三成で、これは佐竹との共同検地であった。佐竹氏の居城の水戸付近を中心にした地域は佐竹側の手で検地がなされ、周辺地域の他領との入り組みの著しい部分が石田らの担当で行われた(13)。検地の結果、石田による知行割りの指示がなされて、ここでも太閤蔵入地の設定が見られたが、他面では大名佐竹氏の直轄領の拡大・強化がはかられるなど、給人・在地領主に対する大名領主の宗主権が安定していくことともなっている。

文禄四（一五九五）年、越後《えちご》・信濃《しなの》の上杉領国の太閤検地(14)。ここでは検地奉行として増田《ました》長盛《ながもり》が派遣され、同年八月から九月末まで各地を巡回し、上杉との共同検地を行った。この検地では隠田《おんでん》の摘発が進み一〇割から二〇割の増分が打ちだされている。また自立性の高かった下越後諸将（色部《いろべ》・大国《おおくに》・鮎川《あゆかわ》など）の知行内の石高・家数等の直接把握に成功しており、太閤検地による大名支配体制の強化、支援という性格が顕著である。

しかし反面、徳川領国（武蔵《むさし》・相模《さがみ》・伊豆《いず》・上総《かずさ》・下総《しもうさ》・上野《こうずけ》・下野《しもつけ》二五〇万石）や毛利領国（安芸《あき》・周防《すおう》・長門《ながと》・石見《いわみ》・出雲《いずも》・隠岐《おき》・備後《びんご》・伯耆《ほうき》・備中《びっちゅう》一二〇万石）では大名自身の手になる独自の検地が行われており、豊臣奉行による介入は見られない(15)。

秀吉の大陸への野望

秀吉が国内平定ののちに大陸に出兵して明《みん》・朝鮮を征服することを考えだしたのは、天正一四（一五八六）年ごろからのことと言われている(16)。織田信長もすでに生前から大陸との関係に深い関心をいだき、天正七（一五七九）年には朝鮮に使僧を遣わして国交をもとめ、あ

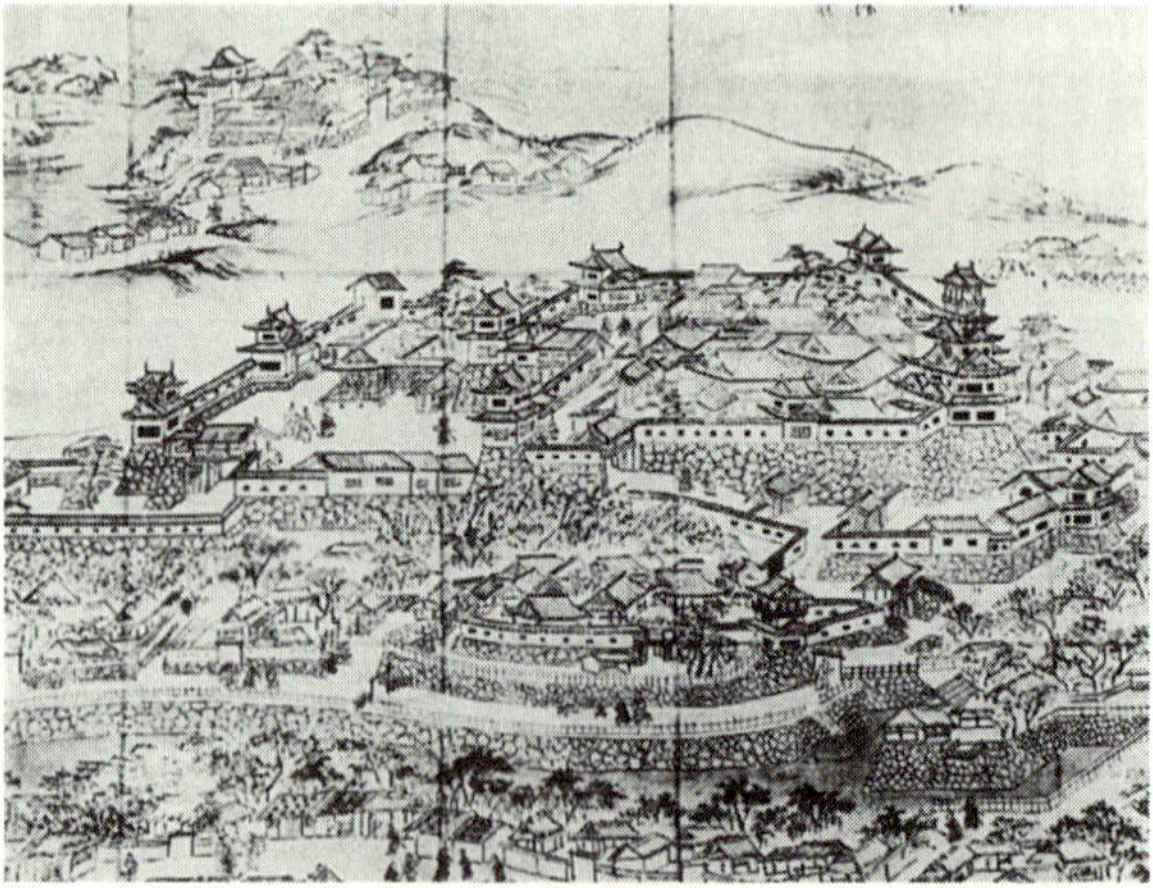
朝鮮出兵の前線基地となった肥前名護屋城

わせて明国との通商の仲介を依頼していた。
秀吉の大陸に対する態度も、信長のそれを引きつぐかたちで、明との勘合《かんごう》貿易の再開を主とする通商関係の樹立が本来の目的であったが、しかしそれは国内の統一戦争がきわめて順調にすすむ中で、しだいに危険な大陸征服の野望へと膨張していった。同一五年の秀吉奉行衆の諸大名あての書状においては「唐国・南蛮国迄も仰付けらるべしと思召候《おぼしめし》」と、明国や南蛮国（マカオ・ゴア・ルソンなどのポルトガル、イスパニア領）までも支配下に編入するとの意思を明言するに至っている。
秀吉は朝鮮国に入貢をもとめ、また明国への出兵の先導を命じた（「仮道入明」

＝道を仮《か》りて明に入る)。朝鮮国側は日本に国王の使者を派遣して、秀吉の通交の要求にはある程度は応じたが、仮道入明の件については拒否したことから、天正一九年のなかごろから急速に開戦の気運が高まっていった。秀吉は全国諸大名に来春の明国出兵(「唐入《からい》り」)の決意を伝え、肥前国名護屋《なごや》を前線基地と定めて、ここに大がかりな築城を行った。秀吉はあわせて「唐入り」の作戦指揮に専念するためにみずからは関白を辞任して太閤と称し、関白の地位を姉の子で自分の養子に迎えた秀次に譲るという処置をとっている。

朝鮮出兵

あけて文禄元(一五九二)年正月、秀吉は朝鮮出兵を号令し、東国の伊達政宗、徳川家康までをも含む全国諸大名は肥前名護屋に相次いで集結した(「文禄の役」)。

朝鮮渡海の軍勢は九番に編成されている(17)。一番は小西行長・宗義智《そうよしとし》らの軍勢あわせて一万八千余、二番は加藤清正《かとうきよまさ》・鍋島直茂《なべしまなおしげ》ら計二万二千余、三番は黒田長政《くろだながまさ》・大友義統《おおともよしむね》ら計一万一千余、四番は島津義弘《しまづよしひろ》と中小領主との混成で計一万四千余、五番は福島正則《ふくしままさのり》・蜂須賀家政《はちすかいえまさ》・長宗我部元親《ちょうそかべもとちか》ら計二万五千余、六番は小早川隆景《こばやかわたかかげ》・毛利秀包《もうりひでかね》ら計一万五千余、七番は毛利《もうり》輝《てる》元《もと》の三万余、八番は宇喜多秀家《うきたひでいえ》の一万余、九番は羽柴秀勝《はしばひでかつ》・細川忠興《ほそかわただおき》ら計一万一千余で、全軍あわせて十五万余の大軍である。

また九鬼嘉隆《くきよしたか》・藤堂高虎《とうどうたかとら》・脇坂安治《わきさかやすはる》・加藤嘉明《かとうよしあき》らのひきいる計九千余の兵は水軍を組織

し、兵員および軍事物資の海上輸送にあたるとともに、朝鮮沿岸部の攻撃を担当する。

また徳川家康・前田利家《まえだとしいえ》・伊達政宗・上杉景勝といった東国、北陸地方の諸大名は、この渡海軍には加わらないが、その兵十万余とともに後詰《ごづ》めとして名護屋に在陣した。当時の軍団編成では敵地に接近している領地の領主から、順次に先鋒《せんぽう》以下の部署に配属されるという方式をとっているので、この朝鮮出兵では九州・四国・中国方面の諸大名が主力をなすのである。

同年三月一二日に一番隊の小西行長の軍勢は、兵船七百艘《そう》をもって対馬《つしま》から釜山にわたり、同地の釜山城、慶尚道《けいしょうどう》の東萊城《とうらいじょう》など朝鮮各地の諸城をあいついで攻撃し、これを陥落させていった(18)。朝鮮国側もかねて秀吉の侵略のあることを警戒して、諸城をはじめとする各地の防備をすすめていたが、秀吉軍の鉄砲部隊を前面に立てた軍事力の高さの前には抵抗するすべもなく、そして二番、三番、四番などの渡海軍があいついで上陸していくなかで、ほとんど戦いらしい戦いもないままに秀吉軍は前進していった。

秀吉軍の行軍経路では、一番隊の小西行長は中路をすすみ、二番隊の加藤清正は東路を北上し、三番隊の黒田長政、大友義統らは西路を通って進撃した。三方面の軍は首都漢城《かんじょう》(ソウル)をめざしてすすみ、五月一日には朝鮮国王は漢城を脱して平壌に向かった。

漢城を占領した秀吉軍は各武将の進撃方面をさだめ、小西・宗の隊はさらに平壌へと兵をすすめ、六月一五日にはこれを陥落させた。朝鮮国王はさらに鴨緑江《おうりょくこう》方面にのがれ、明国に援軍をもとめた。

　こうして明軍の来援によって平壌をめぐる攻防戦がくり広げられることになるが、堺の商人の出身であり征服よりも交易を重視する小西行長や、朝鮮との友好を第一とする宗義智らは本来的に講和論者であり、彼らは折から派遣されてきた明使の沈惟敬《しんいけい》とのあいだで休戦協定を取り結んで当面の戦闘を休止し、さらに本格的な講和の途をさぐっていたのである。

　この間、半島北部の咸鏡道《かんきょうどう》へ進撃していた主戦論者の加藤清正は、小西らの休戦協定は、あくまで日明間の取り決め事として朝鮮軍への攻撃をゆるめず、ついにこの地に避難していた朝鮮国王の王子二人をとらえて捕虜とした。

　いっぽう平壌では休戦が続いていたが、このころ李如松《りじょしょう》将軍のひきいる明の四万余の大軍が平壌を包囲して秀吉軍を殲滅《せんめつ》する作戦をすすめていた。明・朝鮮軍の急襲を受けた小西らは狼狽する中で、かろうじて平壌を脱出して漢城をめざして退却したが、李如松の大軍はこれを追撃して漢城に迫った。これに対して漢城に在陣していた秀吉軍では、明軍総兵力を無慮三〇万と見なして怖じ気づいていたことから籠城して援軍の到来を待つとする意見が大半を占めていたのであるが、立花宗茂《たちばなむねしげ》や小早川隆景らは迎撃論を唱えてあえて出撃し、漢城郊外の碧蹄館《へきていかん》において李如松率いる明軍と大会戦を展開した後、これを撃退して勝利をおさめている。

苦戦する秀吉軍

しかしながら碧蹄館の戦いは、朝鮮半島にわたった秀吉軍が会戦でおさめたほとんど唯一の勝利らしい勝利であったと言えよう。自余においては戦局は一進一退を繰り返し、また両《ヤン》班《パン》の子弟や農民によって組織された義兵が蜂起してゲリラ戦を展開し、秀吉軍を苦しめていた。

そして秀吉軍にとって最大の誤算となったのが、朝鮮の李《イ》舜臣《スンシン》のひきいる水軍の活躍であった。全羅左道水軍節度使として朝鮮水軍の将であった李舜臣は、秀吉軍の侵攻が遠からず現実のものとなることを予想して軍備をおこたらず、かねて建造していた亀甲船《きっこうせん》と呼ばれる大砲を装備した強力な装甲船をもって、秀吉軍の水軍を攻撃し、またその補給船を沈めた。

藤堂高虎や脇坂安治の水軍は玉浦《ぎょくほ》・閑山島《かんざんとう》などの海戦で、李将軍のひきいる水軍に手痛い打撃をこうむり、半島沿海の制海権は朝鮮側におさえられるといった状態であった。制海権を奪われることは、半島で戦う陸上部隊への補給路を切断されることを意味した。そして各地の戦線とも膠着状態に入って持久戦の様相を呈してきたところから、兵粮《ひょうろう》・弾薬の補給がスムーズに行われえないことは、作戦遂行のうえで致命的な障害となっていったのである。

陸上部隊はしだいに飯米にもことかくありさまとなって士気は低下し、厭戦気分が将士のあいだにひろがっていった。

講和論と主戦論

こうした状況のもと、日本側と朝鮮・明側との双方のあいだで講和の試みが繰りかえされていた。先述のように小西行長は、征服よりも平和裡の交易関係を樹立することの方をめざしており、また彼の縁者でもあった対馬の宗義智もまた朝鮮との友好を第一とする立場にあった。

明国との講和交渉は、もっぱら右の両名がこれを取りまとめるべく積極的に立ち働いていたが、他方では加藤清正を代表とする武功派は、講和に対してきびしい条件をつけて容易に応じようとはしない。清正は明使に対して、小西をもって堺の町人あがりの者と罵倒《ばとう》するのみならず、また一方では、明国皇帝から日本に遣わされようとしていた使者を、清正の家臣であった三宅角右衛門が襲撃したなどという話も伝えられていた。

しかしながら外征すでに五ヵ年におよぶも、さしたる展開をみなかったことから日本国内では秀吉も戦いに倦《う》んで講和に傾きかかっており、石田三成・増田長盛《ましたながもり》らの奉行たちも講和による事態の早期収拾の途を模索していた。

そのような雰囲気にあったことから、清正の行為は講和に対する重大な妨害行為であると見なされ、加えて清正が明使に出した返書に許しもなく、みずからのことを「豊臣朝臣」などと署名したことから秀吉の怒りを買い、清正は文禄五（慶長元、一五九六）年、朝鮮半島から召還されて伏見の地に蟄居《ちっきょ》させられた。清正はもとよりこの処置を不満とし、小西・石田らの讒言《ざんげん》に出たものとして深い憤りを覚えていたのである。

しかるにこの年の閏七月一三日、京・大坂方面に大地震（慶長大地震）があり、秀吉の居所である伏見城が倒壊する騒ぎとなった。清正は伏見の屋敷に謹慎中の身であったが、大地震が発生するやただちに城中に入って、いまだ庭上で揺れのおさまりを待っていた秀吉のもとに馳《は》せ参じた。清正の迅速な行動は秀吉をいたく感激させ、涙を流して清正の忠節をよろこぶとともに、講和一件の不届きも不問に付されることとなったのである。

しかし、右の一件に見られるように、出先の武将たちの軍人的感覚を理解しない三成ら吏《り》僚《りょう》派のやり方に対して、清正をはじめとする武功派の面々から強い反発が向けられるのも不可避であった。

むなしい再征

和平交渉については、講和論者の小西行長と明使の沈惟敬とのあいだで和平を成立させるために、双方のメンツと思惑をくみ入れた弥縫策《びほうさく》が協議されていた。慶長元（一五九六）年九月には、秀吉の強硬な対明要求に添うように偽装したかたちで、明国からの講和使節が来日するにいたった。

しかし明国の使節の目的は、明皇帝が秀吉を日本国王に冊封《さくほう》するためであり、秀吉側が求めていた勘合貿易の再開要求などは問題にもされていなかった。そして大坂城における使節引見の場での国書読み上げによって、事の真相が露呈してしまった。秀吉はこれに激怒し、朝鮮半島への再征となった（「慶長の役」）。しかし今回は朝鮮・明側も鉄砲を主とした軍備を整え防御の態勢を固めていたことから、秀吉軍には先の文禄の役のときのような快進撃は望めなかった。

そこで半島の南岸沿いの要衝に日本式の城郭を建設して、これを拠点とする漸進《ぜんしん》拡大の戦略をとることとなる。このうち慶尚道の蔚山《ウルサン》に進出した加藤清正と浅野《あさの》幸長《よしなが》は、突貫工事で城郭の建設をすすめていたが、慶長二年の暮に明・朝鮮軍の攻撃をうけたので、濠《ほり》の水もまだ引き入れていない蔚山城に急ぎ入城して籠城戦をおこなった。

これが慶長の役で有名な蔚山の籠城と呼ばれるもので、清正たちは兵粮の手当をする余裕なくして入城したために、明・朝鮮五万の大軍が包囲するなかでの籠城戦は凄惨《せいさん》な飢餓《きが》地獄の様相を呈し、城兵は牛馬を殺しつくし食べつくし、壁土まで口にして飢えをしのぐありさまであったという。

結果的には翌三年の初頭に、蜂須賀家政、鍋島直茂、黒田長政らの兵が救援に赴いて囲みを解き、城内の清正たちは九死に一生を得る思いをしたのであるが、これらの出来事もこの戦争のむずかしさと無意味さとを、秀吉軍の将士たちに痛感させることであったろう。

この戦いはこの慶長三年八月の秀吉の死をもって終わることとなるのであるが、しかしなお半島からの撤退作戦もまた二十万の明・朝鮮軍の追撃を受けて多大の困難をきわめた。小西行長隊も李舜臣の水軍に退路を絶たれるなど秀吉軍は窮地に追いこまれていたが、島津隊が泗川《サチヨン》の戦いで明の大軍を殲滅し、また露梁《ノリヤン》の海戦において朝鮮水軍の封鎖網を打ち破ることによって、ようやくにして帰国することを得たのである。

秀吉の朝鮮出兵が内外に残した傷跡は、あまりにも深かったと言わなければならないだろう。

関白秀次事件

秀吉は子にめぐまれなかった。天正一七（一五八九）年になって側室淀殿《よどどの》との間にはじめての男子鶴丸《つるまる》（棄丸《すてまる》）が誕生した。秀吉の喜びはひとかたならなかったが、しかしながらこの男子はわずか三歳にして同一九年に夭折《ようせつ》してしまった。秀吉の悲嘆は語るべくもなく、朝鮮出兵はその悲嘆を紛らすことに発したとさえ言われている。

先述のように秀吉は朝鮮出兵に際して関白職を甥の秀次にゆずり、太閤として自由な立場で、肥前名護屋の前線基地において朝鮮半島作戦の指揮をとった。秀吉はあわせて聚楽第《じゅらくだい》の屋敷も関白秀次にゆずり、みずからは京都の伏見に小城を構えて隠居の屋敷とするつもりでいた。

そのようななか、文禄二（一五九三）年八月、大坂城にあった淀殿から秀吉の第二子拾丸《ひろいまる》（秀頼《ひでより》）が誕生したとのしらせが、名護屋の秀吉のもとにとどいた。秀吉は時をおかず名護屋からもどって竣工なった伏見の新城に入ったが、ほどなく同城の大規模な拡張工事にのりだし、朝鮮出兵中の渡海大名を除いた諸大名から大量の普請《ふしん》人足を動員して、同三年八月に伏見城は天下の巨城として完成を見た。

そして秀吉はこの新たに出現した巨大な城郭に秀頼を移り住まわせて、その無事成長を願ったのである。そしてこのことは、聚楽第にある関白秀次との関係をしだいに微妙なものとしていった。(19) 秀吉の態度は、いったん関白職を秀次にゆずることで彼を豊臣家の後継者とすることを決定しておきながら、実子秀頼の誕生とともに心がわりしたと受けとられてもしかたのないようなものであった。

秀吉は幼い秀頼と、秀次の娘との婚約を取りむすぶことによって、秀頼を秀次の後継者とするかたちで相続問題の軋轢《あつれき》を解決しようと試みたが、数多くの子女をもつ秀次がはたして約束どおり秀頼に豊臣家の社稷《しゃしょく》を引き渡すかについては甚《はなは》だ覚束《おぼつか》なかった。そして齢《よわい》すでに六十を数えて老い先みじかく、幼子の行く末をひたすら案じる秀吉のあせりから、結局のところこの調和策も破綻《はたん》の止《や》むなきにいたってしまった。

同四年七月、秀次は謀反《むほん》の嫌疑をうけて官職を剝奪《はくだつ》されたのち高野山に追われ、ついで切腹を命じられた。秀次にどれほど謀反の計画があったかはあきらかではなく、右のような経緯からして、秀次がみずからの地位を防衛するために、大名の何人かと盟約を結ぶといったこともあったかと思われるが、いずれにしても秀次の没落は避けえないことであったろう。

秀次の切腹につづいて、その妻妾子女三十余人が三条河原においてことごとく処刑された。秀次の子孫を根絶やしにして、豊臣直系の継承を守る意図から出たものである。秀吉にしてみればこれによって、実子秀頼への家督の継承を確実にしえたと考えたかもしれないが、秀次事件が豊臣政権の内部にあたえた亀裂と傷跡とは修復不能なほどに深刻であった。

朝鮮出兵の失敗、そして秀次事件の衝撃をとおして豊臣政権は没落の歩みを早めていったのである。

五大老・五奉行制

関白秀次事件の直後にあたる文禄四（一五九五）年八月三日、「御掟」五ヵ条および「御掟追加」九ヵ条が発布された(20)。ともに豊臣政権の基本法としての性格を備えており、前者の五ヵ条を列記するならば次のとおりである。

一、諸大名間の私婚の禁
二、諸大名間の盟約の禁
三、喧嘩《けんか》口論の禁
四、讒言者の糾明《きゅうめい》
五、乗物免許者の限定

また後者の「御掟追加」九ヵ条は、風儀や身持ちのたしなみに関わる条項や訴訟の手続き規定がその内容であった。

そしてこの二つの基本法は有力な大身《たいしん》大名の連名のかたちで発布されており、前者には徳川家康、宇喜多秀家、前田利家、毛利輝元、小早川隆景の五名が、後者にはさらに上杉景勝が加わった六名の名前が連ねられていた。

このような、有力諸大名の連名による基本法の発布というあり方は、秀次事件によって生じた豊臣政権の危機を克服し、武家領主層の結束をはかるという観点から打ち出されており、これはのちの五大老制へとつながっていくこととなる。そもそも、豊臣政権は全武家領主および全国全領土に対する支配をすすめるにあたって、徳川家康をはじめとする有力な大身大名の協力を不可欠としていたのであり、彼らを政権の重要政策に関与せしめることは、それ以前からも折にふれて見られたところである。

たとえば朝鮮出兵に際して、文禄元（一五九二）年には秀吉自身の渡海が問題となったが、この件について徳川家康、前田利家は連名で、出先の武将に対して太閤動座についての環境を万全に整えおくよう指令している。

あるいはまた先述の「惣無事」政策において、秀吉は天正一五（一五八七）年段階において「関東、奥両国迄、惣無事之儀、今度家康に被仰付《おおせつけらる》」と各方面に指令しているし、また秀次事件後の文禄四年七月の起請文《きしょうもん》では「坂東法度《はっと》、置目《おきめ》、公事《くじ》篇（中略）家康可申付候《もうしつけべくそうろう》、坂西之儀は輝元幷《ならび》に隆景可申付候」とあって、「惣無事」を基軸とする政権の全国政策にあたっても、家康および毛利輝元、小早川隆景などといった大身大名に大きな役割を分担させる姿勢が見られた(21)。

このように豊臣政権における大身大名の政策関与は、重要政策のいくつかにおいて認められたが、これがいわゆる五大老制として制度化されたのは慶長三年に秀吉が没する少し前のことであった。五大老とは徳川家康、前田利家、宇喜多秀家、上杉景勝、毛利輝元の五名であり、慶長四年に前田利家が死んだのちは、その子の前田利長が代わってこれに加わった。

これら五大老が最高協議機関となって重要な政務を決裁することとなり、軍隊の出征・展開に関わる軍事命令、所領の宛行《あてがい》・安堵《あんど》および移封《いほう》といった重要事項は、彼らの合議で決定し、その連署をもって発令した。

これに対して庶務の処理、執行のための機関として奉行制度があった。秀吉の生前から浅野長政《ながまさ》や石田三成といった側近の役人が、秀吉の意命の下にそれぞれ政務を執り行っていたが、これも慶長三年の五大老の制度化と同じころに、その下部機関として五奉行の制度が整備された。すなわち前田《まえだ》玄以《げんい》、浅野長政、増田長盛、石田三成、長束《なつか》正家《まさいえ》の五名をもって常設の奉行とした。

このほかに五大老と五奉行のあいだを調整する機関として中老制が設けられたとされている。中老制についてはその存在に疑問を呈する研究者もあるけれども、後述の事件や事柄のなかでもしばしば登場してくる名前であるから、まったく根拠のない制度でもないように思われる。慶長三年に定められた三中老制は、中村一氏《なかむらかずうじ》、生駒親正《いこまちかまさ》、堀尾吉晴《ほりおよしはる》という中堅クラスの三大名によって構成されていたようである。

これら諸々の政治機関は、先述のように秀吉が健在のころから事実の上では機能していたが、明確な制度として設けられたのは、秀吉がみずからの死期の近いことを悟った慶長三年のことであった[22]。それは豊臣家による天下支配の永続性を願い、自分のあとに残された幼い秀頼が無事に成長し、諸大名のうえに君臨して天下に号令する日の訪れることを念じての精一杯の努力であったと言えよう。

だがそのような政治制度を整備しておくには、事態はあまりに遅きに失した。外征に明け暮れて内治をおろそかにした報いが、しだいにあらわになりつつあった。そして内外にわたって積み重ねてきた強権政治による負の遺産が、いまや豊臣政権を内部から解体すべく働きはじめていた。

節をあらためて、この問題を立ち入って検討していこう。

2　豊臣政権の政治的矛盾

複雑な対立・葛藤

先に見たような過程を経て天下統一を達成した豊臣政権ではあったが、その統一がきわめて短期間になされたことから、そこにはさまざまの政治的な矛盾を抱えこまざるをえなかった。慶長三年の秀吉の死の前後より豊臣政権内部のそのような矛盾は露呈していき、それぞれに確執を展開しながら政権の崩壊を推し進めることとなった。

関ヶ原合戦はこれら豊臣政権の抱えた諸矛盾、政治的葛藤《かっとう》の総決算と目すべき事件であり、同時にその大規模な決着を踏まえて、新たな徳川幕藩体制の社会を形成していく画期をなしていた。関ヶ原合戦をたんに、豊臣と徳川との政権交代の舞台と見なし、家康のひきいる東軍の勝利をもって、家康と徳川幕府の覇権確立の出来事ととらえるのは、この事件の歴史的理解としては誤っていないとしても、充分に意を尽くしたとは言えないであろう。

ここでは、以上に見てきたような豊臣政権の抱えた政治的矛盾の性格についていま一度確認し、それが関ヶ原合戦に向けてどのように展開され、かつ集約されていったかについて検討しよう。それはとりもなおさず関ヶ原合戦の政治的意味をあきらかにし、またその合戦の帰結、その合戦が刻印した徳川幕藩体制の性格を解明していくことにつながるであろう。(23)

豊臣政権の孕《はら》んだ政治的諸矛盾として、次のような対立軸が挙げられる。

第一は、一個の家族としての豊臣家の内部における秀吉の跡目《あとめ》をめぐる相続上の争い。先述の関白秀次事件がその中心をなしており、これにさらに秀吉の正室である北《きた》の政所《まんどころ》と秀頼生母の淀殿との対立が絡むかたちで、豊臣家内部の確執を深めていた。淀殿の権勢が高まるにつれて、北の政所との対立は抜きさしならなくなっていった。

このことは北の政所につらなる加藤清正・福島正則・浅野幸長といった武将たちが、反淀殿の立場をとることによって、関ヶ原合戦において家康に与《くみ》していくうえで大きな役割をはたしていた。

また秀次事件について言うならば、この一件では秀次と親密な関係にあったと見られていた人びと、たとえば最上義光《もがみよしあき》・浅野幸長・細川忠興・伊達政宗などにも累がおよんだが、徳川家康らの取りなしで事なきをえたという経緯もあった(24)。

矛盾の第二は豊臣家臣団内部の対立であり、石田三成ら五奉行の吏僚派と、加藤清正・福島正則ら武功派との確執であった。行政官と軍人との対立はどの時代でも不可避であるが、すでに見たように豊臣政権下での朝鮮出兵における、作戦・補給・論功行賞そして講和問題と、それにともなう戦略の是非をめぐる対立は、豊臣家臣団内部の亀裂を決定的に深めることとなった。

ことに辛苦をきわめた蔚山籠城戦が、三成派の軍目付《いくさめつけ》である福原長尭《ふくはらながたか》らによって評価されず、しかも蔚山解放後の明軍に対する追撃が緩慢であるとの理由で、在陣諸将の行動を貶《おとし》める内容の報告が秀吉になされたことが加藤、浅野、黒田らを激昂《げっこう》させたいちばんの原因とされている。しかし他方、小西行長にいわせれば、右の面々は朝鮮からの撤退の際に抜け駆けを行っているのであり、このために残された小西らが窮地に陥らされたという恨《うら》みを残すことにもなっていたのである。

第三の政治的対立は、豊臣政権の全国統治における基本的姿勢に関わっている。石田ら豊臣奉行衆の施策は、行政優位であるとともに、中央集権的な性格を強くもっていた。[25]

豊臣奉行の手による太閤検地は、太閤蔵入地や豊臣系諸大名の領国をこえて、大身の外様大名の領国にまで施行されていた。そしてこれら大名領内への太閤検地の施行に際しては、当該大名領国のなかに一万石ほどからなる太閤蔵入地を設定し、大名および領内に対する支配の軛《くびき》とするとともに、その地方における豊臣政権の政治・経済面での活動拠点としたのであった。

あるいはまた会津九〇万石蒲生《がもう》氏の蔵入地の年貢算用に介入して、その不正をあばいて蒲生家臣を処分し、蒲生氏を減封《げんぽう》するといったことも見られた。

秀吉はまた、しばしば外様《とざま》大名の有力家臣に直接に関係して、知行を秀吉から給付したり、また大名への領地宛行に際して、有力家臣への知行宛行を具体的に指定するなどのこともおこなった。島津氏の重臣伊集院忠棟《いじゅういんただむね》、龍造寺《りゅうぞうじ》氏の家老鍋島直茂などの事例がよく知られている。

大名家へ干渉する

伊集院氏は島津氏の一族で、薩摩国日置《ひおき》郡伊集院村を本領とした。中世以来、島津本家ともしばしば干戈《かんか》を交えてきたが、伊集院忠棟（幸侃《こうがん》）のときに本家島津義久の老臣となって島津による九州制覇の一翼を担った。

しかしおりしも、九州に進撃してきた秀吉の軍勢にやぶれ、忠棟は人質となって秀吉方に送られたのであるが、かねて細川幽斎とも旧知の間柄で文雅の道にもたしなみの深かった彼は秀吉の気に入りとなり、その対島津政策の橋渡し役を担うこととなった。そしてさらに進んで、豊臣政権の中央集権的施策を島津領内におし及ぼし、島津氏をもって中央の公儀の支配体制の内に組みこんでいく際の、先導者としての役割を果たしていた。

こうして島津領内に、石田三成ら豊臣奉行の手による太閤検地が施行されるとともに、その結果、伊集院忠棟には日向都城《みやこのじょう》八万石余が秀吉から直接に宛行《あてが》われ、島津本家と対等の処遇をうけるのであった[26]。

もとよりこのような施策が島津本家の不興を買わぬはずもなく、秀吉死後の慶長四年三月、本家当主の島津忠恒《ただつね》（家久）は伏見屋敷において忠棟を誅殺《ちゅうさつ》している。

龍造寺氏の老臣であった鍋島直茂の場合はもっと複雑な様相を呈している。九州の戦乱のなかで、龍造寺隆信《たかのぶ》が島原の合戦で島津氏と戦って討ち死にをしてからは、鍋島直茂が龍造寺家の継嗣の政家《まさいえ》を助けて劣勢の挽回につとめた。

秀吉の九州出兵があるや直茂は先鋒を受けもって島津氏と戦い、その軍功によって龍造寺氏の本領肥前七郡が回復された。しかし秀吉は同時に直茂に対しても知行宛行状を直接に発給しており、さらには天正一八年に龍造寺氏にあてた三〇万石余の領地朱印状では、有力家臣に宛行うべき知行の内容を細かく指定しており、直茂についても神埼郡四万五〇〇〇石を明記するのであった(27)。

そして朝鮮出兵の過程において、豊臣政権は病弱な龍造寺政家および幼少の嫡子高房《たかふさ》にかえて、鍋島直茂に龍造寺家臣団を統率して渡海することを命じており、このような軍役強制をとおして領国の支配権そのものを龍造寺氏から鍋島氏へと交替させていくことを目論《もくろ》んでいた。これは豊臣政権による、大名政治への干渉の極限を示す事例であったということができよう。

右の一連の豊臣政権の施策は、内政干渉を嫌って独立的な領地支配を志向する諸大名との軋轢を引き起こさざるをえなかった。これは国家構想、国家統治の根本原則に関わるものであって、個人的な好悪の情を超えたすぐれて政治原則的な問題であった。

右の問題は関ヶ原合戦の意義と、その後に形成される徳川幕藩体制の性格を考えるうえにおいて重要な論点をなしている。

ポスト秀吉は誰か

第四の対立は、公儀としての豊臣政権内部での主導権闘争である。徳川家康、前田利家、毛利輝元、宇喜多秀家、上杉景勝の五大老および石田ら五奉行らの中で、秀吉亡き後の幼主秀頼の下で実権、ヘゲモニーを掌握するのは誰か、どのような勢力かの権力闘争である。

豊臣政権は、狭くは豊臣秀吉個人の意思と、その意命に忠実な五奉行らの裁量によって運営されているが、それはまた公儀として、全武家領主の利害を体現する公共的機構、意思決定機構としても存在している。そしてじっさいにも五大老制が設けられ、徳川家康、毛利輝元らの外様国持大名が政権に参加することで、そのような公的意思決定機構としての公儀の内実を整えていた。

それ自体は政権の安定性をもたらしたが、政権への直接参加者が増えたことにより、彼らのあいだでヘゲモニーをめぐる争いが高まることは不可避であった。そして最高権力者の秀吉の死とともに、それが激化するであろうことも容易に想像された。

その実力からして、秀吉亡き後の第一人者が徳川家康であることは衆目《しゅうもく》の一致するところであったが、他方では、彼の力が過度に増大することを多くの者がおそれていた。後述のように秀吉は遺言して秀頼成人までの間、家康には伏見城にあって国家の政務を委ね、利家には大坂城にあって秀頼の後見を託し、諸勢力の均衡をはからんとした。しかしこの策も利家が直後に死去したことによって勢力バランスが崩れ、家康の力が突出することとなった。さらに毛利・上杉ら自余の大老があいついで国許《くにもと》に引きあげてしまったことで、政権はきわめて不安定になっていくのである。

そして最後に、第五の対立として豊臣家と徳川家との覇権抗争があった。これはもちろん第四の問題と関連しているのであるが、豊臣政権の下における家康の実権掌握と、豊臣政権

石田三成

に代わる新たな徳川政権を樹立することとでは根本的な違いがある。とくに三成ら五奉行派と対立している豊臣武功派の加藤・福島らは家康に親近しているが、それはあくまで豊臣家の天下支配を前提にしたうえでのことであって、豊臣秀頼の地位をそこねない限りでの与《よ》同《どう》なのである。この第四と第五の問題とのデリケートな質的差異は、関ヶ原合戦の展開のあり方、および戦後処理のあり方に、さまざまなかたちで影響を及ぼしている。

これらの対抗図式の中で、その一方の側をなしている淀殿派―吏僚派―中央集権派―反家康派―豊臣政権支持派は、石田三成ら五奉行を中心にして比較的、連携しやすい立場にあった。しかしこの吏僚派系の勢力は数が少なく、軍事力の面でも見劣りがしていた。

他方、右の吏僚派主導の強権的で中央集権的な政治指導に不満・反感を抱く武将、大名は数多くいたが、しかしそれらの勢力は右の五つの要因に即して一致して連携することはできなかった。反淀殿・親北の政所、反吏僚、反中央集権までは一致しえたが、家康との関係、豊臣家への態度をどのようにさだめるかで、みずからの進退を決断しかねる者が多かった。

関ヶ原の戦いはこのような複雑な対立図式の中で行われ、これら諸矛盾を解決すべき課題を担った出来事であった。関ヶ原合戦の全体は、そのような観点においてとらえられる必要がある。

3　秀吉没す――関ヶ原前夜

三成を視ること仇敵のごとし

慶長三年八月一八日、秀吉は伏見城に六十二年の生涯を終えたが、世子秀頼はいまだ六歳の幼児であり、右述のごとき矛盾対立を抱えて政権の前途は深い不安に包まれていた。

これより先、秀吉はその死期の近いことを悟って五大老、五奉行から誓詞を徴して、秀頼への忠誠と、私党による権力闘争の禁止とを誓約させた。さらに前田利家には秀頼の後見を託し、家康には公儀の政務を司ることを命じた。秀吉は家康に対して秀頼の庇護を懇願し、その孫娘をもって秀頼に配偶して、豊臣と徳川の両家が末ながく和親すべく取りはからいくれるように遺言した(28)。

秀吉はその死を秘匿するよう側近の者に命じて、亡くなった。しかし家康はその日のうちにこれを知り(家康に秀吉の死を秘かに伝えたのは石田三成であるとされている)、ただちに嫡子秀忠を江戸に帰している(29)。けだし秀吉の死が遠からず内乱を招くのは必至であり、父子ともに上方《かみがた》の地にあることは徳川の将来のために得策にあらずと判断したためであろう。

秀吉死後の当面する最大の問題は、朝鮮半島にある大量の将士《しょうし》を日本に帰還させるという事業であった。八月二五日、家康は前田利家とはかって徳永寿昌《とくながながまさ》らを使いとして朝鮮半島に送り、在陣の諸将に撤兵のことを命じた。さらに石田三成・浅野長政を博多に派遣して、同地でこの撤兵事業を統轄させた。

この撤兵は先述のように難航をきわめたが、一一月にいたってようやく全員の帰還が完了した。三成は博多に戻った諸将に対して、各自いったん帰国して軍旅を解いたのち、明年伏見に来会したおりには茶会を設け、長年の朝鮮在陣の苦しみを慰労するであろうと申し渡した。

しかしながら三成のこの言も、半島で言語に絶する困苦にさらされていた将士たちには、そらぞらしく聞こえた。ことに三成の讒言によって身を危うくしかけた加藤清正や浅野幸長などは、これに強く反発し、三成を視《み》ることあたかも仇敵《きゅうてき》のごとくであったという(30)。

糾問使が伏見へ

こうして慶長三年は暮れ、翌四（一五九九）年の正月になると大老・奉行らは秀吉の遺命を奉じて秀頼を大坂城に移し、前田利家以下みなこれに伴い、大坂に居を移した。家康は伏見の屋敷に留まって政事を監督し、五奉行らは伏見、大坂の両府を往来してその執行にあたった。

だが秀頼移徙《いし》も滞りなく終わった直後の正月一九日、家康の周辺に突如あわただしい動きが起こり、伏見の街は事情が判然としないままに騒然たる空気につつまれていた。同二一日、大坂の大老・奉行たちは三中老（中村一氏、生駒親正、堀尾吉晴）を使者として家康のもとに派遣し、家康に秀吉の遺命に背くかどのあることを詰問した(31)。

これよりさき家康が内々のうちに伊達、福島、蜂須賀の三家と婚約を交わしていたことが表沙汰となり、この紛議にいたったのである。すなわち家康は、その第六男の忠輝《ただてる》と伊達政宗の長女（五郎八《いろは》姫）と、家康の姪《めい》で松平康元の娘を養女として福島正則の嫡子正之と、小笠原秀政の娘を養女として蜂須賀家政の嫡子豊雄《とよお》（のちの至鎮《よししげ》）と、それぞれ婚約させていたのである。

前田利家

婚姻はもとよりこの時代には同盟の締結を意味しており、それゆえに内々の婚約は「私婚」と呼ばれて反逆行為につながると見なされ、先述の家康も連署して発布した文禄四年の「御掟」においても、また後の徳川幕府の武家諸法度《ぶけしょはっと》においても厳禁されていた。

大坂からの糾問使《きゅうもんし》は家康にその事実関係を問い、弁明のかなわぬときは、大老の列から除くべきことを申し入れた。

家康が三家と婚約を取り結んでいることは事実であった。しかし家康は糾問使に反駁《はんばく》して、自分が天下に対して異心を抱いているがごときは誰の讒言であるか答えよと問い詰め、さらに自分を秀頼の補佐から除去するとの申しようは、それこそ太閤秀吉の遺命に背くところにあらずやと逆襲した。家康は言葉をつづけ、自分は政治に関与することを好むものではないので、今は隠退して嫡男の秀忠に政務を代行させるであろう。かの私婚のごときは、ただ一時の遺忘にすぎずと返答した(32)。

大坂から糾問使が派遣されるや、大坂、伏見ともに内乱前夜のような緊張した空気が張りつめ、家康は伏見屋敷の防衛施設を増強して異変に備えたが、豊臣系武将で家康に心を寄せる者たちはつどいきたってその屋敷の防衛にあたった。すなわち加藤清正、浅野幸長、福島正則、黒田如水《くろだじょすい》(孝高)・長政父子、蜂須賀家政、細川忠興、池田輝政《いけだてるまさ》、森忠政《もりただまさ》、加藤嘉明、藤堂高虎、京極高次《きょうごくたかつぐ》といった面々であり、大谷吉継《おおたによしつぐ》もまたその中の一人であった(33)。

さらには詰番《つめばん》のために、東海道を西上して伏見に向かっていた徳川将士の榊原康政・本多《ほんだ》正信《まさのぶ》らも、この事態を聞いて急遽《きゅうきょ》この地に馳せ参じて来たことから、伏見の徳川屋敷を中心にして大軍勢が集結する状態となり、これがため大坂の五奉行、大老衆は逆にきわめて厳しい状況に追いこまれてしまった。

大坂の五奉行、大老たちは家康の政治力と軍事力の前に屈服することとなり、家康の私婚一件は不問に付されるとともに、五奉行は謝罪のために剃髪《ていはつ》し、誓書をもって故秀吉の遺命を守ることを家康に誓約したのであった。けだし、さきの糾問のおりに、家康を大老の地位より除去すると迫った失言を逆手にとられたのである。このたびの紛議は家康の腕力の前に大坂方がねじ伏せられた格好であった。

細川忠興（永青文庫蔵）

家康暗殺の計画

大坂の前田利家を筆頭とする大老、奉行衆と伏見の家康との間の確執は止みがたくもあったが、利家の姻《いん》戚《せき》でもあった細川忠興（忠興の子の忠隆の室が利家の女子）は、両者の和睦《わぼく》の仲介をつとめ、利家を勧めて同年二月二九日に家康の伏見屋敷を訪問させることを得た[34]。

家康もまた答礼として三月一一日に大坂に赴いて前田屋敷にいたり、すでにこの時期には病床に臥《ふ》せっていた利家を見舞った。利家と家康の和睦は実現したけれども、そのときには利家の余命はいくばくもなかった。

家康の来坂は、反家康派にとっては襲撃のまたとない良い機会であった。[35] 石田三成は増田長盛・長束正家をかたらって小西行長の屋敷に参会し、家康襲撃のことを真剣に検討したが、やはり実行に踏みきるには人々の間になおためらいがあった。家康もまた、少ない人数で大坂にいることの危険は充分にこころえているところであり、早々に伏見に引き上げてしまったことから、このおりの襲撃計画は何らなすことなくして見送られてしまった。

家康襲撃の企てはその後も執拗に繰りかえされていたもようで、細川忠興の家譜にはその謀議の次第が記されている。[36]

前田利家の縁者であった細川忠興は、三成らから反家康陣営への参加を求められたので、彼らの密議を観察する目的で偽って与同の態度をとった。そして奉行の長束正家の屋敷で行われた会議では、三成が家康の伏見屋敷を襲撃する計画について述べ、家康屋敷より高台にある宮部継潤《みやべけいじゅん》や福原長堯の屋敷を拠点にして、家康方へ火矢《ひや》をはなって焼き討ちを行い、同時に兵をさしむけて戦いを決する案などを示した。

忠興はこれを聞いて驚き、ただちに父幽斎をとおして家康に屋敷替《やしきがえ》のことを進言した。家康は始めこれを受け流して聞きいれなかったが、忠興は加藤清正と相談のうえ再び強く勧めたので、家康もようやく屋敷替を承知したとのことである。

家康がこの時期に伏見の向嶋《むかいじま》の地に屋敷を移したのは、一般には前田利家の忠告にしたがったゆえと解されているが、右の細川忠興の家譜が伝えているエピソードも考慮されてよいであろう。

豊臣七将の石田三成襲撃

さきの伏見における騒動につづく紛議の第二局面は、同年閏《うるう》三月三日の前田利家の死とともにはじまった。利家は前年末から病床にありながら、先述のように家康との融和につとめ、家康もまた利家の大坂屋敷に病気見舞いに訪れるなど、両者はその協調と公儀の体制の安定化に努めていたが、利家が没することによって、またもや政治的バランスは不安定となっていった。

しかしながら利家の死とともに勃発したのは家康に対する攻撃ではなく、意外なことに、石田三成に対する襲撃の行動であった。

これより先、朝鮮の陣のおりの作戦および論功行賞のことをめぐって武将たちと軍監（軍《いくさ》目付《めつけ》）とのあいだで対立が生じており、それがもととなって、その憤りの鉾先《ほこさき》が三成に向けられたのであった。すなわち右の問題を機として、かねてから内攻していた武功派の吏僚派に対する反感が爆発し、その押さえともなっていた前田利家が没したことで、武功派諸将が決起したのである。すなわち加藤清正、浅野幸長、蜂須賀家政、福島正則、藤堂高虎、黒田長政、細川忠興の有力七将が相謀って、石田三成を討つべく大坂で軍を動かした。(37)

この間の事情は、朝鮮半島から捕虜として日本に連行され、この当時たまたま伏見の地にあった朱子学者、姜沆《カンハン》の『看羊録』に詳しく記されている。[38] 彼は日本の朱子学者の藤原惺窩《ふじわらせいか》とも親しく、惺窩をとおして日本の武将や諸大名たちの動向や内情をよく聞いていたことから、その観察と記述はまことに的確であり、同書の史料的価値は高いということができる。

同書によれば問題の発端は、秀吉軍の諸将が明・朝鮮軍を追撃する好機を有しながら、留まったまま進軍しなかったことを、朝鮮半島から帰国した軍監の福原長堯が、三成をとおして秀吉に弾劾《だんがい》したことにあった由である。そして蜂須賀家政、黒田長政、藤堂高虎、加藤清正および早川長政、竹中重隆らがみな譴責《けんせき》され、早川や竹中の豊後六万石の領地は奪われて、福原長堯への恩賞とされたとしている。

姜沆は日本で捕らわれの身であるから、逆にこの時期の朝鮮半島の事情はわからないのであるが、右の記述の指しているのは先に見た、加藤清正や浅野幸長らによる蔚山籠城戦のことである。

蔚山の籠城戦そのものは、蜂須賀家政や黒田長政らの兵の救援によって成功裡に終わり、包囲していた明の大軍を撃ち破って囲みを解くことを得たのであったが、諸将はそれ以上に進撃することをしなかったのである。すでにこの時期にあっては、日本軍将士のあいだでは無意味な進軍よりも、撤退作戦の方をむしろ真剣に考えはじめる気運が高まっていたのである。主戦論者の加藤清正にしても、なおしかりであった。

こうして諸将は蔚山の勝利にもかかわらず、あえて明軍に対する追撃を差し控えたのであった。しかし軍監の福原はこれを怠慢と見なして、秀吉に弾劾した。右の弾劾の対象となったうちの早川、竹中はともに福原と同じ軍監であるが、彼らもまた武将たちの撤退論に与したとして非難されたのであろう。

清正たちは帰国したのち、福原長堯を許しがたい讒言者と見なして討ち果たそうと身構えた。そして三成が長堯を擁護したところ（長堯は三成の女婿）、武将たちの憤激を買って攻撃の鉾先が三成に向けられたとしている。そして清正らが武装兵をひきいて伏見に上り、三成を攻めようとしたと、姜沆は記している。

これは一般に豊臣七将による三成襲撃として知られている事件であるが、『看羊録』の記述は武将たちの人名をはじめとして、本章の註37に掲げた当時の第一次史料の内容とも基本的に合致しており、その信憑性《しんぴょう》は非常に高いと評価できるのである。

さてこのおりの三成の行動については同書は記していない。これにつき、徳川幕府の儒官林述斎《はやしじゅっさい》の下で編纂された『朝野旧聞裒藁《ちょうやきゅうぶんほうこう》』は詳細にして、諸記録を博捜網羅《はくそうもうら》していることから信頼に足る史書なのであるが、同書を参照するに事態は次のとおりであったと考えられる。[39]

すなわち前田利家の死の翌日の閏三月四日、三成は七将の襲撃を避けるべく、かねて昵懇《じっこん》の佐竹義宣《さたけよしのぶ》の助けを得て大坂をのがれて伏見にいたり、伏見城本丸に続く曲輪《くるわ》（西の丸の向かいの曲輪ともいう）内にある自分の屋敷にたてこもった。

そして加藤らの武将たちは兵を伏見にあつめて、伏見城内にある三成と睨《にら》みあいの状態となったが、このとき家康が仲裁にはいって和談が取りまとめられたということである。

この事件については、伏見に逃げきたった三成が家康の屋敷にみずから身を投じて、死中に活を求める行動に出たなどというかたちで一般に信じられているが、これはまったく誤りである。三成が七将の追撃をうけたのは事実であるが、彼が入ったのは家康の屋敷ではなくて、伏見城内にあった自分自身の屋敷なのである。

さて家康の和議斡旋《わぎあっせん》への乗り出しの経緯については諸書の記述はさまざまであるが、『看羊録』によれば、これは安国寺恵瓊《あんこくじえけい》が毛利輝元を説いて、家康に和議斡旋を要請せしめたとしている。そして家康もこれに同意したということ、さらに他方では奉行の長束正家が三成の方を説得し、家康に対して謝罪をさせることによって問題を解決の方向に導いたとしている（なお『朝野旧聞裒藁』では、家康が中村一氏、生駒親正の両中老に、家康家臣の酒井重忠をつけて三成のもとに使者として遣わし、所領の佐和山への退去を勧告したとしている）。

これはまことに興味ぶかい記述である。右の記述の要となっているのは、毛利輝元が家康に和議斡旋を求めたという指摘であり、この点については後述のように、この事件の直後に家康と輝元のあいだに誓詞の交換が行われ、両者の末ながい協調関係がうたわれているという事実があることとも符合しており、この『看羊録』が記すような、家康―輝元間の和睦協調によって三成問題を解決したというのが、この間の経緯ではなかったかと思われる。

さて家康は七将側に対して鉾を収めさせるとともに、三成を中央政界から隠退させて居城の近江佐和山に謹慎させることとした。同一〇日に家康の子結城《ゆうき》秀康《ひでやす》の警固のもとに三成は伏見をたって佐和山に戻り、そこで謹慎蟄居の姿勢を示した。(40)

また家康ら五大老は、閏三月一九日付で、蜂須賀家政と黒田長政に対して連署状をもって、蔚山籠城戦のおりの援軍の働きにまったく落度のなかったことを確認し、また早川長政に対しても没収された豊後府内の城を還付するとしたのである。(41)

家康の独裁体制

閏三月一三日、家康はこの事件の直後に、自己の向嶋の屋敷から伏見城内に居を移した。これは黒田長政が画策した結果でもあるのだが、しかしながら他方、前掲の姜沆の『看羊録』の記述に基づくならば、この家康の伏見城入城は三成事件の所産であり、この事件を機とした毛利輝元との新たな盟約関係に則ってなされたという理解になる。すなわち同書は、輝元らが家康を推して盟主となし、彼を伏見城に入城させたとするのである。

家康の伏見城入城は輝元の支持のもとになされたのであり、それはおそらく先の三成問題解決のための交換条件であったろうし、他方では毛利家に対する友好を確保するための所為《しょい》であったろう。

閏三月二一日、家康と輝元は互いに誓詞を交換して、(42)家康は輝元に対して「向後いか様の儀出来候共《しゅつたいしそうろうとも》、貴殿に対し、表裏別心なく、兄弟のごとく申承るべく候」と述べ、輝元もまたほぼ同文をもって家康に対して「父兄の思ひを成す」と申し送り、両者は親密な協力関係を固めたかに見えた。

家康は、このような経過をたどって伏見城にはいったのである。かくてその威望はいやまして高まり、世上ではこれを指して家康が「天下殿」になったというような受け止め方をした。(43)

七月、家康は宇喜多秀家、毛利輝元、加藤清正、細川忠興、黒田如水ら朝鮮の役に参加した諸将に帰国の暇《いとま》を告げ、明年の秋冬に参勤すべきことを伝えた。

これとともに五大老の一人上杉景勝は会津への移封から日が浅く(秀吉の死の直前の慶長三年三月に越後から陸奥会津へ移封)、領国の仕置《しおき》が行き届いておらぬことを理由に帰国した。また先に没した利家の跡を嗣いだ前田利長《まえだとしなが》も、襲封に際して国元の仕置を監督することを名目として、これまた帰国した。(44)

こうして五大老は家康を除いてみな帰国のかたちとなり、中央政界は家康の独裁の様相を呈するとともに、政治情勢はきわめて不安定になっていった。

そのようなさなかの九月、大坂城における重陽《ちょうよう》の賀のために、家康は同月七日に伏見から大坂に赴いたが、五奉行の一人増田長盛は夜中ひそかに家康の居所にきたり、大坂城中において家康を暗殺する謀議のあることを告げた。

すなわち、すでに金沢に帰国している前田利長が首謀者となり、利長の姻戚たる浅野長政（息子幸長の室が利家の女子）および土方雄久《ひじかたかつひさ》、大野治長《おおのはるなが》の三名をかたらって、彼らの手で家康を大坂城中で暗殺するべく企てているという内容であった。

これまでにも家康暗殺の風聞はたびたびであったが、今回は信憑性《しんぴょう》もはるかに高く、家康は側近の本多正信、井伊直政、本多忠勝《ほんだただかつ》らと、大坂城への登城の是非について協議した。そして伏見より兵をただちに呼び寄せて家康の周辺の警固を厳重にするとともに、登城の供人をつねに倍することによって敵方を牽制し、こうして当日の賀儀を無事に終えることができたのである。(45)

この一件を機として家康は伏見から移って大坂城西の丸に入り、ここを居所とさだめて大坂方の勢力を威圧した。あわせて西の丸に天守閣を築造して、みずからが秀頼と並び立つ存在であることを天下に誇示した。

ついで家康は先の暗殺計画の謀議者の摘発に乗りだし、土方雄久を常陸国に、大野治長を下野国に、それぞれ配流し、浅野長政は奉行職を解任して国元に蟄居の処分とした。

家康はさらに加賀の前田利長にも追及の手をのばした。利長が襲封ののち城郭を修築し、兵器を集積するのは、挙兵反乱の意図を有するにほかならずと断じ、一〇月三日、西の丸に諸大名を召集して北陸討伐を発令し、家康みずから出陣してこれにあたる旨をのべた。また反乱の疑いは、利長の縁者である細川忠興にも向けられた。

ここにおいてまず忠興は家康に対して恭順の意をあらわし、丹後宮津から大坂にきたって家康に誓詞を差しだし、さらにその第三子光千代《みつちよ》（忠利）を江戸に送って質《ち》とした。

利長もまた家康の北陸討伐の動きを知っておどろき、老臣横山長知《よこやまながとも》を大坂の家康のもとに遣わして弁明に努めた。家康はいちおうこれを了解することとしたが、その証しとして利長の母芳春院を江戸に送らせた。いわゆる大名妻子の江戸居住制の始まりとされる事態である。

こうして家康に敵対する勢力はことごとく退けられ、あるいは圧伏され、政権はいまや家康の独裁の様相を呈してきた。

第二章　三成挙兵

1　会津討伐

上杉景勝のうごき

上杉景勝は上杉謙信の養子にして、謙信没後はその遺領たる越後《えちご》・越中《えっちゅう》・佐渡《さど》を支配していたが、慶長三（一五九八）年三月に一二〇万石の大封《たいほう》をもって陸奥国会津の地に入部した。すなわち、会津九〇万石の領主蒲生秀行《がもうひでゆき》の仕置が乱脈であるとして秀吉の勘気《かんき》に触れ、秀行はその年正月に宇都宮一八万石に減転封された。かわって景勝が奥州の鎮将としてこの地に移封され、会津若松城を居城としたのである。

そして秀吉死去の報を得るや、景勝は同年九月に会津をたって伏見にいたり、秀吉没後の政争を経たのち、翌四年八月に転封の間もないことを理由に帰国を請い、九月には会津に戻っている。

景勝は秀吉没後の政治情勢からして争乱の遠からぬことを悟り、帰国後より領内諸城の修築増強をすすめ、兵粮をたくわえ、武器鉄砲を大量に調達し、さらにまた諸国流浪の勇猛の士を召し抱えるなどして、その軍事力を大いに強化していた(1)。

景勝のこのような行動は周辺の諸領主も知るところとなり、上杉をめぐる不穏な情報が大坂の家康のもとにも届けられていた。

慶長五（一六〇〇）年正月、年頭賀儀の使者として大坂に到った上杉家老臣の藤田信吉《ふじたのぶよし》を通して、家康は景勝の上洛を求めたが、景勝は応じなかった。同二月には越後の国主堀秀治《ほりひではる》の老臣堀直政から、会津のただならぬ動きが家康に報告された。

四月一日、家康は会津の景勝のもとに使者を派遣し、上杉の近時の動向は謀反の嫌疑を免れえないこと、もしさなくば誓詞を呈してすみやかに上洛すべしと伝えさせた。

しかし景勝はこの家康の要請を拒絶し、景勝の所為を謀反と密告した者たちの糾明をこそ先とすべきことを返答した。さらに上杉の家宰たる直江兼続《なおえかねつぐ》は、家康の侍僧豊光寺承兌《ほうこうじしょうたい》に対して四月一四日付で長文の返書を認《したた》め、景勝の上洛不可の理由を述べた。世に「直江状」として知られる書状である(2)。

直江状

当国のことについて京大坂方面では種々の雑説があって家康公は不審に思われている由であるが、京都伏見あたりの事柄でも謀反の風聞は絶えないのであるから、かような遠国《おんごく》であれば嫌疑を受けるのは止むをえざること、若輩の景勝なればこそ、いかにも引き起こされそうな噂なのであって、御心配におよばぬこと。

上洛の件については、去々年に国替がありながらその直後に上洛しており、去年九月に帰国したばかりでまた上洛とあっては、国の仕置は何時に申し付けることができようか。誓詞の件については、秀吉公の死没の前後より数通の起請文を認めながら、それがいま御信用なされず反古《ほご》とされるうえは、これ以上かさねて起請文を提出しても無駄であること。

兼続はさらに、武具集積は武士のたしなみたること、道橋の新設は諸人の往還便宜のためのこと、上杉謀反の讒訴《ざんそ》をなす者の糾明を遂げられるべきことなど、十五ヵ条余の事柄について縦横に論駁《ろんばく》し、しかも「景勝が野心か、内府《〔家康〕》様御表裏か、世上之沙汰次第たるべき事」と言い切ったのであった。

家康はすでに上杉を討伐する意向を固めていたが、五月三日に大坂に届いたこの直江の返書に接して激昂し、諸大名に対して会津討伐を指令するとともに、この討伐にはみずから出陣して全軍を指揮する旨を宣言した。

大坂城の増田・長束の奉行衆、中村・生駒・堀尾の三中老は、連名で家康の出陣を諫止《かんし》し、このたびの直江の言いようについて「御腹立《おはらだち》、御尤《ごもっとも》」なことであるが、「誠に田舎人にて御座候、不調法故《ぶちょうほうゆえ》」のことであるから堪忍《かんにん》されたきこと、ただいま会津へ下向とあっては、「秀頼様を御見放しなされ候やうに」人びとは思うであろうことから、当年の出陣はな

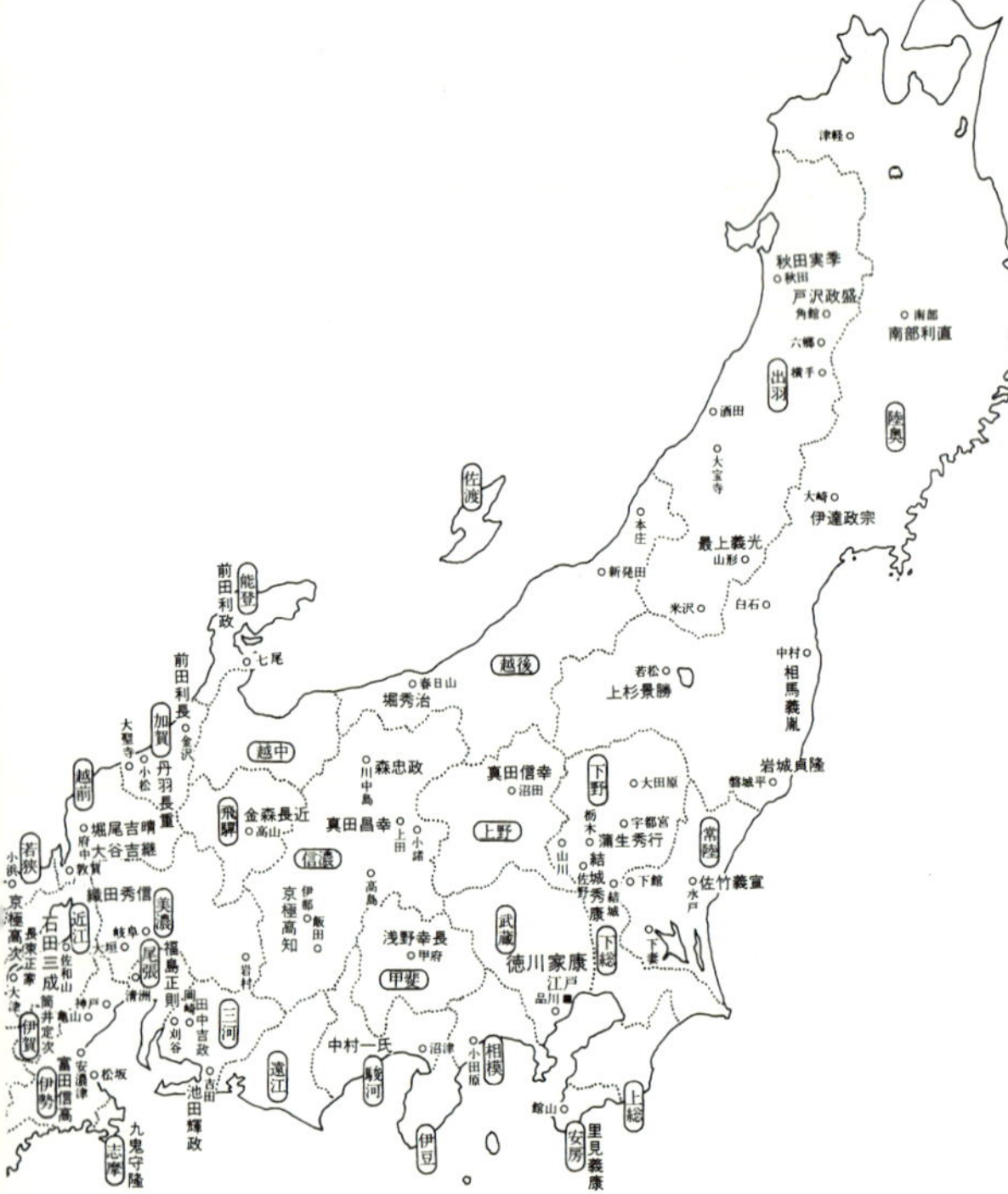
津軽
秋田実季
秋田
戸沢政盛
角館
南部
南部利直
六郷
横手
出羽
陸奥
酒田
大宝寺
佐渡
大崎
伊達政宗
本庄
最上義光
山形
新発田
米沢
白石
能登
前田利政
七尾
中村
相馬義胤
越後
若松
上杉景勝
春日山
堀秀治
前田利長
加賀
金沢
大聖寺
小松
丹羽長重
越中
森忠政
川中島
真田信幸
沼田
岩城貞隆
磐城平
下野
大田原
越前
飛騨
金森長近
高山
真田昌幸
上田
小諸
上野
栃木
宇都宮
蒲生秀行
常陸
堀尾吉晴
府中
大谷吉継
敦賀
若狭
小浜
信濃
山川
結城秀康
結城
下館
佐竹義宣
水戸
佐野
織田秀信
美濃
伊那
京極高知
飯田
高島
京極高次
近江
石田三成
長束正家
佐和山
大垣
岐阜
尾張
福島正則
浅野幸長
甲府
武蔵
徳川家康
下総
下妻
岩村
江戸
品川
甲斐
大津
神戸
清洲
岡崎
田中吉政
三河
筒井定次
亀山
伊賀
刈谷
中村一氏
沼津
小田原
相模
富田信高
安濃津
松坂
伊勢
吉田
池田輝政
遠江
駿河
伊豆
館山
安房
里見義康
上総
九鬼守隆
志摩

関ヶ原合戦時の大名配置

にとぞ思い止まりくれるように懇請した。[3] しかし家康の決意は固く、これらの諫止を振りきるかたちで会津討伐に踏みきるのであった。

天下争乱

慶長五年六月一六日、家康はみずから会津討伐軍の総大将となり、全軍をひきいて大坂から遠征の途についた。関ヶ原合戦の軍事的展開は、じつにここに始まる。

この会津遠征には徳川の将士として、井伊直政《いいなおまさ》、本多忠勝、酒井家次《さかいいえつぐ》、大久保忠常《おおくぼただつね》、榊原康政、平岩親吉《ひらいわちかよし》、酒井忠世《さかいただよ》、松平《まつだいら》（大須賀）忠政《ただまさ》、奥平信昌《おくだいらのぶまさ》、本多康重《ほんだやすしげ》、石川康通《いしかわやすみち》、小笠原《おがさわら》秀政《ひでまさ》、高力忠房《こうりきただふさ》、菅沼忠政《すがぬまただまさ》、内藤信成《ないとうのぶなり》、松平家乗《いえのり》、松平家清《まつだいらいえきよ》、本多正信《ほんだまさのぶ》、阿部正次《あべまさつぐ》、青山忠《あおやまただ》成《なり》、本多康俊《ほんだやすとし》、天野康景《あまのやすかげ》、戸田一西《とだかずあき》、および家康近侍の者たち三千人余がしたがった。

そしてこれら徳川将士とともに豊臣系武将を中心とする外様の将士の大軍が、この会津遠征に従軍した。すなわち浅野幸長《よしなが》、福島正則、黒田長政、蜂須賀至鎮《よししげ》、池田輝政、細川忠興、生駒一正、中村一忠、堀尾忠氏、加藤嘉明、田中吉政《たなかよしまさ》、筒井定次《つついさだつぐ》、藤堂高虎、寺沢広高、山内一豊《やまのうちかずとよ》、小出秀家《こいでひでいえ》、富田信高《とみたのぶたか》、一柳直盛《ひとつやなぎなおもり》、金森長近および畿内近国の中小領主などの五万五千人余であった。[4]

これらは会津討伐軍が進む、畿内近国から東海道筋に領地をもつ大名が中心をなしていたが、他方では黒田・蜂須賀・生駒・加藤・藤堂などといった四国・九州大名で、必ずしも会津従軍の義務が課せられない諸大名もまた、あえて家康につきしたがって大坂から東下《とうか》していった。

家康が大坂を離れることとは、豊臣政権内部の不安定さが一層加速されることを意味し、ことに反家康勢力である豊臣吏僚派の勢力や毛利・宇喜多氏らによる家康打倒の動きが表面化することが予想された。のちに反家康派の挙兵があったとき、細川忠興は「かくの如くこれ有るべしと、かねて申たる事に候[5]」と言い、黒田如水は「かやうあるべきと、仰程候、分別仕候間、おどろき申さず候[6]」と記しており、家康の離坂が天下の争乱に結びつくということは、彼らの間ではなかば常識化していたと言ってよいであろう。

そうであるならば、会津討伐の家康に従軍するということは、近い将来に引き起こされるであろう争乱において家康に与同するという意思を、かねて表明することでもあった。

会津討伐軍の編成

さて東海道を下った家康は七月二日に、さきに帰国していた徳川秀忠の迎えを受けて江戸城に入り、従軍の豊臣諸将らもあいついで江戸に集結した。

同時に家康は奥羽・北陸の諸大名にも会津討伐を指令し、伊達政宗には信夫口《しのぶぐち》から、最上義光には米沢口から、佐竹義宣には仙道口から、前田利長・堀秀治は津川口からの進撃をそれぞれ命じ、家康らの本隊は宇都宮城を前線拠点にして、白河口より攻撃に取りかかるべく作戦を進めた。

七月一三日、徳川軍の先鋒榊原康政が会津に向けて出陣し、同一九日に徳川秀忠ひきいる前軍が江戸城を発ち、二日後の二一日には家康のひきいる後軍が江戸を出発した。

さてここに重要な問題がある。すなわち本書でもっとも問題とする関ヶ原合戦の軍陣構成は、この会津討伐軍の軍隊編成のあり方に基本的に由来しているのである。それゆえに、この会津討伐軍の編成について、やや立ちいって見ていこう。

先鋒榊原隊につづいて七月一九日に江戸城を出陣した徳川秀忠のひきいる軍団の構成は以下のとおりであった(7)。まず先頭を大番頭《おおばんがしら》の菅沼定吉、渡辺茂《わたなべしげ》、水野義忠、本多信勝のひきいる大番組がすすみ、ついで足軽鉄砲隊、長柄槍部隊、旌旗《せいき》の諸部隊が行進する。その後にこの軍団の中核をなす秀忠の旗本備《ぞなえ》がつづくのであるが、その御馬前の供奉《ぐぶ》として老臣大久保《おおくぼ》忠隣《ただちか》、本多正信の両名の部隊があり、ついで秀忠がその親衛隊たる小姓組の多数の番士たちを周囲に従えて進軍した。

そしてさらに、この秀忠のひきいる部隊には、多くの徳川譜代の将士および外様の武将たちが従軍していた。その主な名をあげるならば、井伊直政、本多忠勝（その子忠政《ただまさ》）、酒井家次、酒井忠利《さかいただとし》、酒井重忠《さかいしげただ》、土岐定義《ときさだよし》、高木正次《たかぎまさつぐ》、石河勝政《いしこかつまさ》、安藤重信《あんどうしげのぶ》、高力忠房、加加爪《かがづめ》忠澄《ただずみ》、内藤忠重《ないとうただしげ》、青山忠成、本多康重、森川重俊《もりかわしげとし》、牧野康成《まきのやすなり》、内藤清成《ないとうきよしげ》、戸田一西、石川康《いしかわやす》長《なが》、皆川広照《みながわひろてる》といった譜代将士の面々、および徳川一門たる結城秀康、松平忠吉《まつだいらただよし》の両名、そして信州の外様大名である森忠政、仙石秀久《せんごくひでひさ》、石川康政《いしかわやすまさ》、日根野吉明《ひねのよしあき》、真田昌幸（その子信《のぶ》幸《ゆき》・幸村）、そして宇都宮城主蒲生秀行をはじめとする下野国内の中小領主たちであった（彼らの主なものの領地および石高については一三六ページの表4参照）。

その兵数は総勢六万九千人余と記されており、先発隊が那須大田原に到っても、後列はいまだ下総古河《こが》に充満していた由である。

この秀忠にひきいられている会津討伐軍の前軍の構成は、信州大名の森・仙石・日根野および宇都宮城主の蒲生秀行たちを除いては、徳川一門・譜代の将士がその大半をなしているということであり、しかも井伊、本多、榊原の三将をはじめとする徳川の主要武将が秀忠の部隊に属していることに注意しなければならない。

ついで同月二一日に江戸城をたった家康のひきいる後軍の構成は次のとおりである。[8] まず大番頭松平重勝《まつだいらしげかつ》、水野重央《みずのしげなか》らにひきいられた大番組番士、および酒井重勝らのひきいる長柄槍部隊および旌旗部隊、服部正成《はっとりまさなり》（半蔵）らの鉄砲部隊、成瀬正成《なるせまさなり》・伊奈今成《いないまなり》の根来《ねごろ》百人同心の部隊が旗本先鋒をなす。ついで乗物を使って進む家康の前後を囲む旗本備では、渡辺守《わたなべもり》綱《つな》が御持筒頭として百人の鉄砲部隊をひきいて家康の身辺を護り、山岡道阿弥《やまおかどうあみ》、僧三要元《さんようげん》佶《きつ》、岡野江雪《おかのこうせつ》の三人の僧体の者が家康の乗物の前を騎馬で進み、そしてまた多数の小姓組の番士たちが供奉した。

さてこの家康のひきいる後軍に属した徳川将士としては、松平忠頼《まつだいらただより》、太田重正《おおたしげまさ》、植村泰忠《うえむらやすただ》、

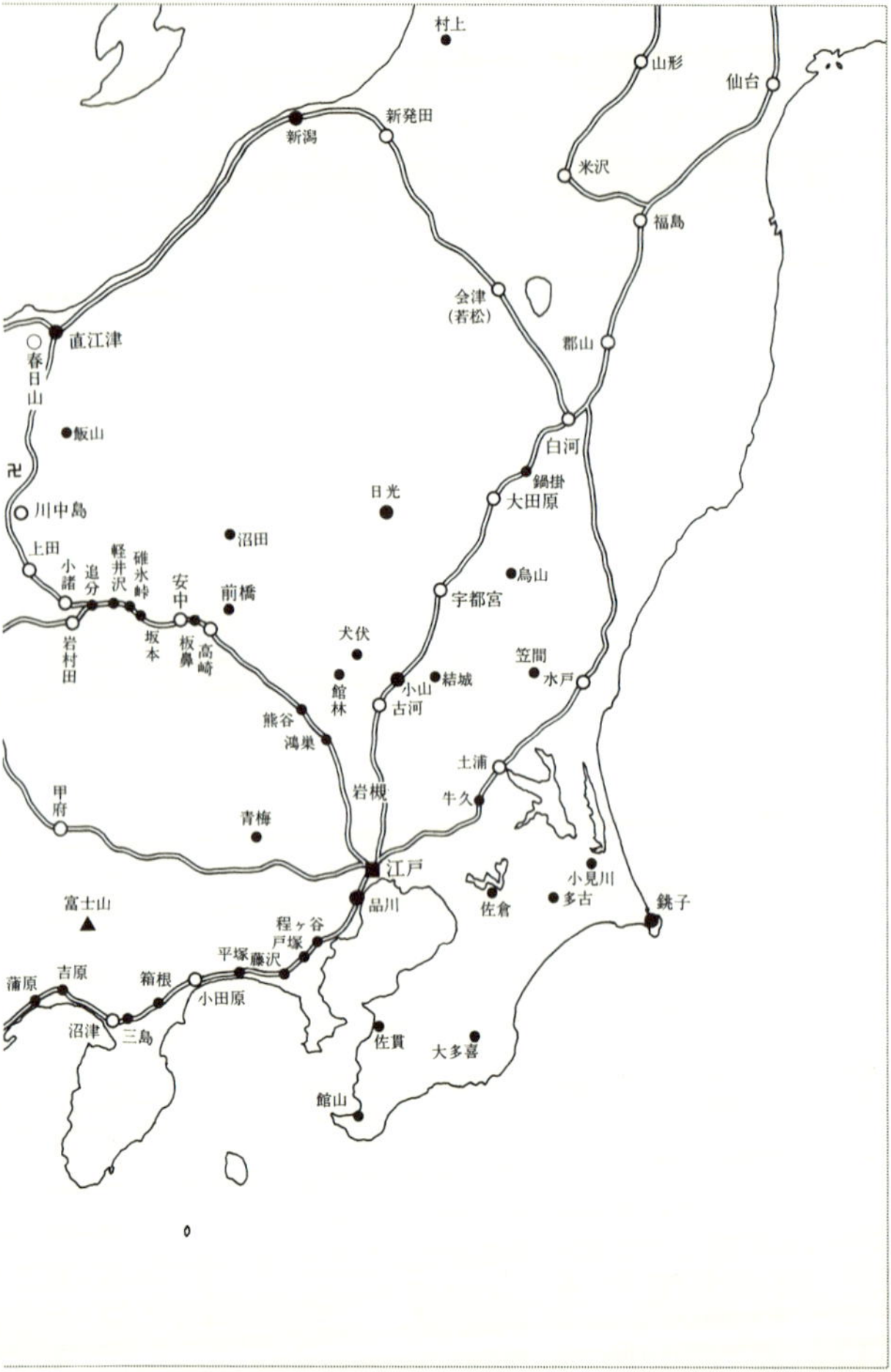
村上
山形
仙台
新発田
新潟
米沢
福島
会津
(若松)
郡山
直江津
春日山
飯山
白河
鍋掛
日光
大田原
川中島
沼田
上田
小諸
追分
軽井沢
碓氷峠
安中
前橋
烏山
宇都宮
岩村田
坂本
板鼻
高崎
犬伏
笠間
館林
小山
結城
水戸
古河
熊谷
鴻巣
土浦
岩槻
牛久
甲府
青梅
江戸
小見川
富士山
品川
佐倉
多古
銚子
程ヶ谷
戸塚
平塚
藤沢
蒲原
吉原
箱根
小田原
沼津
三島
佐貫
大多喜
館山

関ヶ原合戦主要地名・交通路

児玉幸多編『標準日本史地図』（吉川弘文館）に拠る。
○印は主な城地を示す。

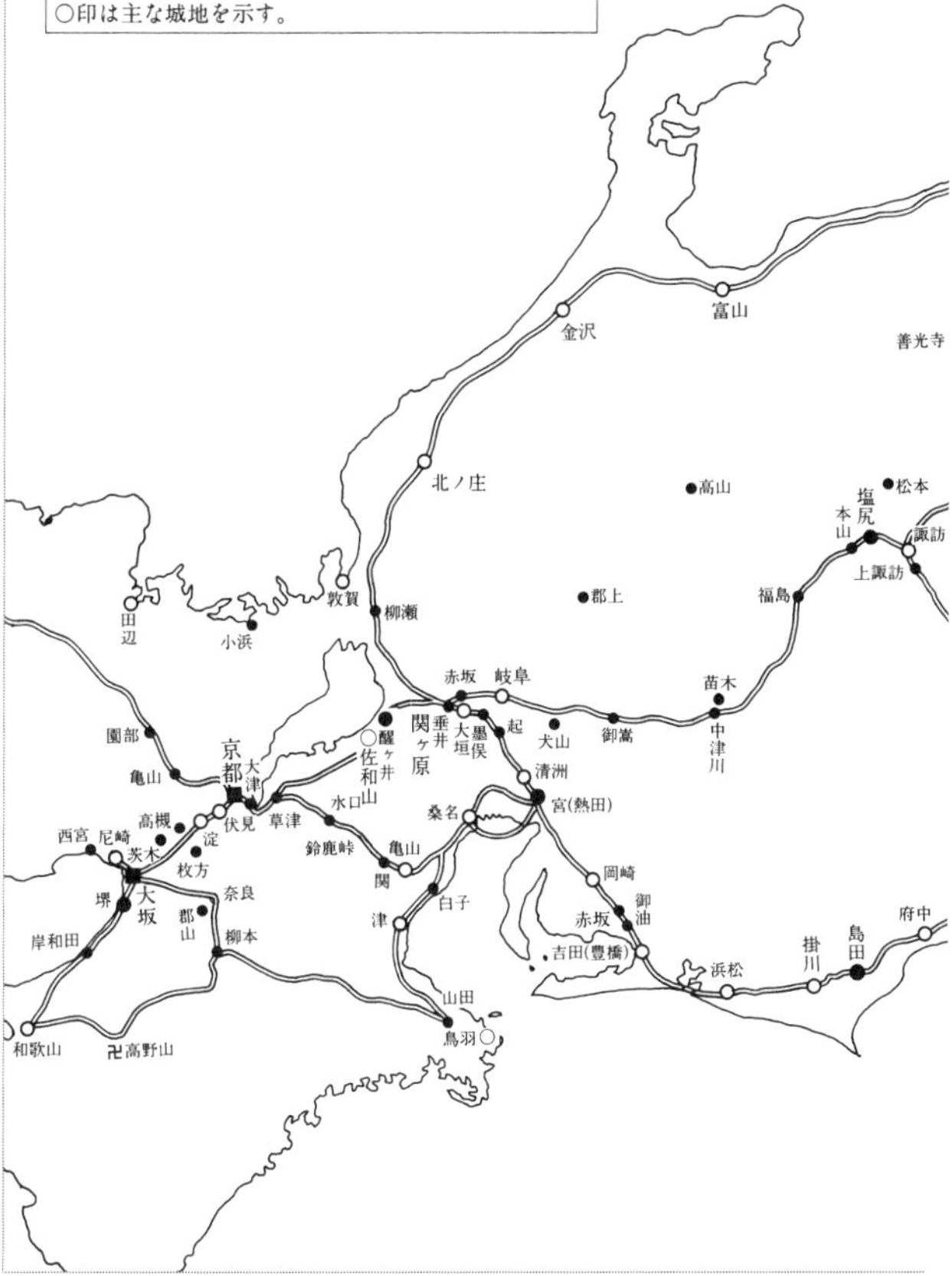

依田《よだ》信守《のぶもり》、幸田《こうだ》継春《つぎはる》、保科《ほしな》正光《まさみつ》、林《はやし》清実《きよざね》、伴野《ばんの》貞吉《さだよし》、三田《みた》正次《まさつぐ》、諏訪《すわ》頼水《よりみず》、山口《やまぐち》直友《なおとも》、北条《ほうじょう》氏勝《うじかつ》、岡野《おかの》房恒《ふさつね》、杉浦《すぎうら》吉成《よしなり》、小幡《おばた》直之《なおゆき》、内藤信成、加藤《かとう》正重《まさしげ》、都筑《つづき》正重《まさしげ》、疋田《ひきた》正重《まさしげ》、戸田《とだ》氏《うじ》銕《かね》、国領《こくりょう》一吉《かずよし》、石原《いしはら》政吉《まさよし》、三宅《みやけ》康貞《やすさだ》、坪内《つぼうち》利定《としさだ》、横地《よこち》元貞《もとさだ》、嶋元政《しまもとまさ》、美濃部《みのべ》茂盛《しげもり》、柳生《やぎゅう》宗《むね》矩《のり》、永井《ながい》直勝《なおかつ》、和田《わだ》定勝《さだかつ》、服部《はっとり》政元《まさもと》、大平《おおひら》俊堅《としかた》、久永《ひさなが》重勝《しげかつ》、片山宗哲、鳥居《とりい》忠政《ただまさ》、春田《はるた》持《もち》吉《よし》、丹羽《にわ》氏次《うじつぐ》、和田《わだ》門光《かどみつ》、松平康重、小笠原《おがさわら》信之《のぶゆき》、阿部正次、本堂《ほんどう》茂親《しげちか》などがあった（彼らの主なものの領地および石高については一五五ページの表5参照）。

そしてまた大坂・伏見から従軍してきた豊臣系諸大名を主とする外様の将士たちの大部隊がこれとともに会津に向けて進軍していた。すなわち大身武将としては福島正則、池田輝政、細川忠興、黒田長政、浅野幸長、加藤嘉明、田中吉政、藤堂高虎、京極《きょうごく》高知《たかとも》、生駒一正、堀尾忠氏、筒井定次、蜂須賀至鎮、山内一豊、中村《なかむら》一栄《かずひで》（一忠の叔父で同人の番代）などがあり、これら大身武将はそれぞれ一方の備を構成した（彼らの領地および石高については一九〇—一九一ページの表6参照）。

この他につぎのような多数の中小領主があった。[9] これは適宜に組みあわせて寄合組を構成することとなる。すなわち有馬《ありま》則頼《のりより》、有馬豊氏《とようじ》、徳永寿昌、一柳直盛、池田長吉、小出秀家、九鬼《くき》守隆《もりたか》、金森長近、稲葉《いなば》道通《みちとお》、古田《ふるた》重勝《しげかつ》、織田《おだ》長益《ながます》（有楽斎《うらくさい》）、市橋長勝、津田《つだ》信茂《のぶしげ》、本多《ほんだ》正武《まさたけ》、桑山《くわやま》元晴《もとはる》（一晴叔父）、水野《みずの》勝成《かつしげ》、兼松《かねまつ》正吉《まさよし》、大島《おおしま》光義《みつよし》、分部《わけべ》光嘉《みつよし》、佐久間《さくま》政実《まさざね》、柘植《つげ》正俊《まさとし》、佐々《さっさ》行成《ゆきなり》、佐々長成《ながなり》、神保《じんぼ》相茂《すけしげ》、神保氏長《うじなが》、佐藤《さとう》堅忠《かたただ》、赤井《あかい》忠泰《ただやす》、天野《あまの》景俊《かげとし》、山《やま》

城秀宗《しろひでむね》、石河貞政《いしこさだまさ》、中川忠勝《なかがわただかつ》、三好為三《みよしためみつ》、三好慶清《よしきよ》、長谷川重成《はせがわしげなり》、船越景直《ふなこしかげなお》、平野長元《ひらのながもと》、堀《ほっ》田《た》重氏《しげうじ》、佐久間安政《さくまやすまさ》、鈴木重愛《すずきしげよし》、別所治直《べっしょはるなお》、松倉重政《まつくらしげまさ》、秋山光匡《あきやまみつまさ》、戸川逵安《とがわみちやす》、宇喜多正親《うきたまさちか》、花房志摩《はなぶさしま》、津田小平治《つだこへいじ》、本多半兵衛《ほんだはんべえ》、山名禅高《やまなぜんこう》、野間乙長《のまおとなが》、落合新八郎《おちあいしんぱちろう》、中村又蔵《なかむらまたぞう》・能勢宗《のせそう》左衛門《ざえもん》などといった面々であった。

家康の本隊は七月二二日に岩槻《いわつき》城にいたり、翌二三日に下総国古河に宿泊し、二四日には下野国《しもつけ》小山《おやま》に到着した。前軍の秀忠隊はすでに白河口の前線基地となる宇都宮城への入城を終え、家康のひきいる後軍の到着を待っていた。

2　三成の挙兵と西軍の展開

毛利輝元を総大将に

佐和山に退いていた三成は、家康の出陣の動きを知るやただちに行動を開始した。家康が伏見を発った直後の六月二〇日、三成は直江兼続に書を遣わして東西呼応の挙兵の戦略を伝えた。すなわち家康の東下は自分の計画の通りにして天の与えるところであり、これより準備おこたりなく来月初旬には佐和山を発して大坂に至る心づもりのこと、毛利輝元、宇喜多秀家ら無二の味方となるべきこと、これらのこと安心ありたき旨を述べ、あわせて東国方面の戦略のいかんについて問うている(10)。

毛利輝元

三成はついで、家康の命にしたがって兵一千余をひきいて東下の途にあった大谷刑部吉継《おおたにぎょうぶよしつぐ》を、七月二日に佐和山城に迎えて、ともに力をあわせて秀頼をたすけ、家康を追討すべきことを説いた。吉継は三成の二十年来の友ではあったが、この挙兵計画を不可として、三成に思いとどまることを三度にわたって忠告するも、三成は肯《がえん》じえなかった。家康を打倒して豊臣家の安泰をはかる途はもはやこれより他なしとして、吉継の説得を退けた。

吉継は、三成から大事の計画を打ちあけられてこれを見捨てるは不義であり、いまはただ三成と生死を共にするのみとして、同一一日、その兵をひきいて佐和山城に入った。

三成と吉継は相謀り、大坂城に残る前田玄以、増田長盛、長束正家の三奉行を挙兵計画に与同させ、さらに安国寺恵瓊を通じて広島にある毛利輝元に出陣をもとめ[11]、他方では大坂城の諸門、大坂の諸口を固めて在坂の諸大名をその支配下においた。

毛利輝元は同月一五日に一万余の大軍をひきいて広島から海路出陣し、一六日夜には大坂に至った。これを受けて三成方の面々は相議して輝元を全軍の総大将に擁立し、ついで輝元は大坂城西の丸に入った（家康が置いていた留守居の佐野綱正は無抵抗で同所を明け渡した）。輝元はその子の秀就《ひでなり》（六歳）を児玉元兼・国司元蔵らとともに本丸の秀頼の側に侍せしめ、秀頼を戴くかたちで家康追討の作戦をすすめた。

内府ちかひの条々

七月一七日、三成のひきいる大坂方勢力は家康の非違十三ヵ条を挙示した「内府ちかひの条々」(12)を全国諸大名に向けて発し、家康方に対する宣戦布告となした。次のとおりの内容である。

一、五大老、五奉行の間で相互信頼の誓詞を取り交わしたにもかかわらず、いくほどもなく、奉行二人（浅野長政、石田三成）を逼塞《ひっそく》においこんだこと。
一、五大老のうち前田利長を討伐すると称して人質を取り、利長を逼塞せしめたこと。
一、上杉景勝は何の罪科もなきに、太閤秀吉の法度にそむいて討伐せんとのこと。
一、知行方についてはすべて自分の下に取りこんでいることは言うまでもなく、秀頼成人までは知行給付を行わずとの誓詞を違えて、忠節も無き者たちに知行を宛行《あてが》っていること（家康与党の細川忠興や森忠政らに加増を行った件を指す）。
一、伏見城の城番として太閤秀吉が定めておいた留守居の者たちを追い出して、自分の手兵を入れ置いたこと。

一、五大老、五奉行の十人の他には誓詞のやりとりを禁じているにもかかわらず、この誓約を破って、数多くの誓詞のやりとりを行っていること。

一、北の政所の御座所に居住のこと（家康が大坂城西の丸に入ったことを指す）。

一、大坂城の家康の居る西の丸に、本丸のごとく天守閣を建てたこと。

一、諸将の妻子は人質であるのに、自分の党派の者たちのそれは国元へ帰したこと。

一、私の婚姻は厳禁であるにもかかわらず、家康の行った婚姻はその数を知らぬほどであること。

一、若い衆を教唆扇動《きょうさせんどう》して徒党を立てさせたこと。

一、五大老の連署で処理すべき政務を、家康一人で専断のこと。

一、家康の側室の内縁をもって石清水八幡の検地を免除のこと。

以上の弾劾状は全国の諸大名に発せられたが、これには玄以・長盛・正家の三奉行の連署状⑬が添えられており、そこではさらに「内府公上巻の誓紙ならびに太閤様御置目《おきめ》（掟、制法）を背かれ、秀頼様を見捨てられ、出馬候間、各申談じ、鉾楯に及び候」と挙兵にいたった理由を述べ、「太閤様御恩賞を相忘れられず候ハゞ、秀頼様へ御忠節あるべく候」と秀頼への忠節を尽くすべきことを強調している。

また宇喜多秀家と毛利輝元の連署状[14]も諸大名に発せられ、同じく家康が誓詞に背いてほしいままの所行をなし、大老・奉行をつぎつぎに倒していくとあっては、どうして秀頼を守り立てていくということがありえようかと挙兵理由を述べ、「秀頼様へ御馳走あるべき」ことを訴えるのであった。

彼らはまず、家康とともに会津討伐に出陣した諸将の妻子を大坂城の中に収めて人質となし、これら諸将を自陣営に引き寄せようとした。人質の収監はすすめられたが、またさまざまな抵抗にもあった。なかでも有名なのが、細川忠興の妻ガラシア夫人の場合であった[15]。同月一七日、大坂奉行衆らによる人質の収監に対して細川家側はこれを拒否し、ガラシア夫人はみずからの命を絶ち（キリシタンであったガラシア夫人は自害を避けて、側近の者にみずからを斬らせた由である）、老臣小笠原秀清らは屋敷に火を放ってそのあとを追った。この一件があってより、大坂方も収監を見合わせ、それぞれの大名の屋敷の周囲を柵をもって囲み、これを監視するにとどめた。

さて西軍の動員とその軍事的展開について見なければならないが、三成らの挙兵の呼びかけに応えて、大坂には畿内、西国方面から諸将があいついで参集し、その数は十万人ちかくにのぼった[16]。以後これを西軍と称《とな》えるが、その参集諸将および全国各地で西軍側に属して戦った将士は表1に記すとおりである。

人名	封地・石高		人名	封地・石高	
木下延重	播磨国内	2.0万石	*平塚為広	美濃垂井	1.2万石
*○朽木元綱	近江朽木	2.0万石	奥山正之	越前国内	1.1万石
佐藤方政	美濃上有知	2.0万石	赤松則房	阿波住吉	1.0万石
○杉原長房	但馬豊岡	2.0万石	上田重安	越前国内	1.0万石
滝川雄利	伊勢神戸	2.0万石	加賀井秀望	美濃加賀井	1.0万石
多賀秀種	大和宇多	2.0万石	垣屋恒総	因幡浦住	1.0万石
箸尾高春	大和箸尾	2.0万石	片桐且元	播磨国内	1.0万石
早川長政	豊後府内	2.0万石	*川尻秀長	美濃苗木	1.0万石
丸毛兼利	美濃福束	2.0万石	*岸田忠氏	大和岩田	1.0万石
○毛利高政	豊後佐伯	2.0万石	木村重則	美濃北方	1.0万石
杉若氏宗	紀伊田辺	1.9万石	鈴木重朝	紀井平井	1.0万石
田口宗勝	尾張国内	1.8万石	高木盛兼	美濃高須	1.0万石
高橋直次	筑後内山	1.8万石	高田治忠	丹波国内	1.0万石
筑紫広門	筑後山下	1.8万石	寺西清行	伊勢本田	1.0万石
織田信雄	大和国内	1.7万石	寺西直次	伊勢国内	1.0万石
樋口雅兼	近江国内	1.7万石	*戸田重政	越前安居	1.0万石
横浜茂勝	大和国内	1.7万石	松浦久信	伊勢井生	1.0万石
氏家行継	近江国内	1.6万石	山崎定勝	伊勢竹原	1.0万石
○谷衛友	丹波山家	1.6万石	豊臣麾下の士	――――	
○別所吉治	丹波園部	1.5万石	上杉景勝	陸奥会津	120.0万石
熊谷直盛	豊後安岐	1.5万石	佐竹義宣	常陸水戸	54.5万石
宇田頼忠	大和国内	1.3万石	岩城貞隆	陸奥磐城平	12.0万石
○藤掛永勝	丹波上林	1.3万石	相馬義胤	陸奥牛越	6.0万石
不破広綱	能登国内	1.3万石	多賀谷重経	常陸下妻	6.0万石
山口修弘	加賀国内	1.3万石	秋田実季	出羽秋田	5.2万石
石川貞清	尾張犬山	1.2万石	蘆名義広	常陸江戸崎	5.0万石
石川貞通	丹波国内	1.2万石	小野寺義道	出羽横手	3.2万石
*糟谷真雄	播磨加古川	1.2万石	山川朝信	下野山川	2.0万石

備考：『寛政重修諸家譜』，参謀本部編『関原役』，藤野保『新訂　幕藩体制史の研究』（吉川弘文館，1975）所収「近世大名改易一覧」等に拠る。人名に付した＊印は関ヶ原の陣に兵をすすめていた者を示す。また○印は戦後処分で所領没収を免れた者を示す。
島津義弘は当主島津忠恒の父、その兵数は約千人。鍋島勝茂は当主鍋島直茂の嫡子。生駒家の主力は嫡子一正がひきいて東軍。

人名	封地・石高		人名	封地・石高	
毛利輝元	安芸広島	120.5万石	織田秀雄	越前大野	5.0万石
*毛利秀元	周防山口	20.0万石	丹羽長正	越前東郷	5.0万石
*吉川広家	出雲富田	11.0万石	○前田茂勝	丹波亀山	5.0万石
*○島津義弘	大隅国府	60.5万石	宮部長房	因幡鳥取	5.0万石
*島津豊久	日向佐土原	2.9万石	青山忠元	越前丸岡	4.6万石
*宇喜多秀家	備前岡山	57.4万石	田丸通昌	美濃岩村	4.0万石
*○小早川秀秋	筑前名島	35.7万石	南条忠成	伯耆羽衣	4.0万石
○鍋島勝茂	肥前佐賀	31.0万石	真田昌幸	信濃上田	3.8万石
*長宗我部盛親	土佐浦戸	22.2万石	*○脇坂安治	淡路洲本	3.3万石
前田利政	能登七尾	21.5万石	小野木公郷	丹波福知山	3.1万石
増田長盛	大和郡山	20.0万石	○秋月種長	日向財部	3.0万石
*小西行長	肥後宇土	20.0万石	石田正継	近江国内	3.0万石
*石田三成	近江佐和山	19.4万石	*伊藤盛正	美濃大垣	3.0万石
○生駒親正	讃岐高松	15.0万石	新庄直頼	摂津高槻	3.0万石
織田秀信	美濃岐阜	13.3万石	原勝胤	美濃太田山	3.0万石
立花宗茂	筑後柳川	13.2万石	堀内氏善	紀伊新宮	2.7万石
毛利秀包	筑後久留米	13.0万石	石田正澄	近江国内	2.5万石
丹羽長重	加賀小松	12.5万石	伊藤方正	美濃鉈尾山	2.5万石
青木一矩	越前北庄	8.0万石	*木下頼継	越前国内	2.5万石
*小川祐忠	伊予今治	7.0万石	駒井重勝	豊後国内	2.5万石
太田一吉	豊後臼杵	6.5万石	○相良頼房	肥後人吉	2.2万石
*安国寺恵瓊	伊予国内	6.0万石	氏家行広	伊勢桑名	2.2万石
○小出吉政	但馬出石	6.0万石	斎村広通	但馬竹田	2.2万石
○福原長堯	豊後荷揚	6.0万石	岡本宗憲	伊勢亀山	2.2万石
毛利勝信	豊後小倉	6.0万石	*赤座直保	越前国内	2.0万石
山口正弘	加賀大聖寺	6.0万石	生熊長勝	丹波国内	2.0万石
○伊東祐兵	日向飫肥	5.7万石	池田秀氏	伊予大洲	2.0万石
*大谷吉継	越前敦賀	5.0万石	垣見一直	豊後富来	2.0万石
*長束正家	近江水口	5.0万石	*木下利房	若狭高浜	2.0万石
○高橋元種	日向延岡	5.0万石	木下重堅	因幡若桜	2.0万石

表1　西軍武将一覧表

伏見城攻め

大坂に参集の諸将は作戦を議して、毛利輝元・増田長盛は大坂城にあって秀頼を擁護し、宇喜多秀家・石田三成・長束正家らは他の諸将とともに近畿、伊勢、濃尾方面に軍を出動させてこれら一円を平定し、家康方の出方をうかがうこととする。もし家康軍が西上するときは、輝元は大坂より出陣し、西軍の全軍を指揮して家康と決戦すべしと定めた。

七月一八日、西軍は丹波《たんば》・但馬《たじま》の諸将をもって、大坂よりの呼びかけに応じなかった細川幽斎（藤孝）の守る丹後田辺城の攻略に向かわせた。また翌一九日には、宇喜多・島津・小早川らは兵を発して家康方の上方の根拠地たる伏見城を囲んだ。さらに同二三日には毛利配下の一万の軍勢が伏見攻城に加わった。

これまで満を持して佐和山城を動かず、同城から戦略を指令していた石田三成は、同二九日にいたって軍勢をひきいて出陣し、伏見において攻城諸将を督励したのち大坂城に入った。

家康の譜代の士たる鳥居《とりい》元忠《もとただ》の守る伏見城は、秀吉が公儀の城として築造した天下の名城であり、容易に攻略しうべくもなく、籠城戦は半月におよんだ。しかしながら、いかんせん守城部隊の人数の少なさから、この巨大な城の要所、城門の防衛が行きとどかず、包囲の大軍によって徐々に圧迫されつつあり、ついには城内の内応者が火を放つにおよんで城は火炎に包まれ、包囲軍はこの機にいっせいに城壁を乗り越えて城内になだれこんだ。

籠城の徳川将士は乱入してきた大軍を迎えて奮戦し、ついに全員玉砕を遂げた。城将鳥居元忠もまた彼につき従うわずかの士とともに最後まで戦ったが、敵将鈴木重朝《しげとも》（雑賀孫市《さいがまごいち》）の槍にかかって討たれ、さしもの堅城も八月一日には陥落の日を迎えたのである。

北陸方面へは敦賀城主であった大谷吉継が指揮官となって、脇坂安治、朽木元綱《くつきもとつな》、赤座直保《あかざなおやす》、平塚為広《ひらつかためひろ》、富田重政《とだしげまさ》らをひきいて進駐し、八月初旬より同方面の平定をすすめた。その軍勢は越前北ノ庄に入って青木一矩《あおきかずのり》の兵とともに、加賀の前田利長の軍勢と対峙した。

八月五日、毛利秀元《ひでもと》、吉川広家《きっかわひろいえ》、長束正家、安国寺恵瓊らは兵をひきいて伊勢に向かい、家康方の武将の守る諸城の攻略をすすめた。同九日、石田三成は兵六千をひきいて美濃国へ出陣し、同一一日に大垣城に入った。付近には小西行長、高橋長行《たかはしながゆき》、川尻秀長《かわじりひでなが》、福原長堯らがあった。島津義弘、島津豊久は兵一千とともに美濃に向かい、同二二日には三成の要請によって墨俣《すのまた》に陣した。

西軍は八月二〇日ごろまでに畿内近国の平定をほぼ完了し、家康の西上を待ち受ける態勢に入っていた。

3　小山の評定

家康、諸将を召集す

家康の会津出陣が反家康勢力の挙兵をうながすことになることは、すでに大方の予測するところであり、家康もまた上方を離れるに際して、六月一七日に伏見城の留守を鳥居元忠に託したおりには、同城の防衛の詳細について指示するとともに、上方の動静についての報告をおこたることのないように命じていた。

家康は伏見を発って東海道を進み、大津城で京極高次の饗応を受けたのち、同一八日には近江石部に泊した。水口城主の長束正家は明日に城中で饗応したい旨を申し入れていたが、家康は夜半になって急遽出発し、随従の足軽鉄砲隊には火縄を点火させたままに水口城下を駆けぬけて、夜明けに伊勢の関へいたった。すなわち水口において家康を襲撃する企てのある旨の情報を得たがゆえであった[17]。

七月一九日、大坂の奉行増田長盛より同月一二日付の書状が家康のもとに届けられた。それには会津出征に向かう予定の大谷吉継が垂井《たるい》の地で病気と称して兵をとどめ、石田三成とともに挙兵するとの風説から物情騒然たることを記していた。増田が三成の挙兵云々を家康に報知する態度はあやしむべきことではあるが、この七月一二日時点では、いまだ三成に同調していなかったものと思われる。

家康はこの書状を受けとるや、その写しを作成させ、それを宇都宮方面に向かっている前軍諸将に配布するという処置を行っている[18]。

上方における反乱の兆候はいまやあきらかとなっていたが、家康はそれにもかかわらず予定通り、その七月二一日に江戸城を発して会津討伐に出陣し、同月二四日に家康隊は下野国小山に到着した。

この間、上方の不穏な動静を伝える書状が諸方面より、あいついで家康のもとに寄せられていたが、鳥居元忠が七月一八日に発した使者（浜島《はましま》無手《なで》右衛門《えもん》）がこの日、小山の陣に到着した。使者口上による元忠の言は、大坂にある諸将ら敵となり伏見城の明け渡しを求む、開城要請の使者は数回におよべどもすべて拒否したること、近日中に軍勢による攻撃が予想されるも、死力を尽くしてこれを固守する覚悟であるという内容であった[19]。

福島正則

ここにいたって家康は決心し、同二五日、秀忠はじめ全軍の諸将を小山の陣に召集して、上方の情勢に関する評定《ひょうじょう》を催した。世に名高い小山の評定である。

宇都宮にすでに着陣していた秀忠らの徳川武将たちもこの小山に参集したが、やはりこの評定での問題は、東海道・東山道に領地を有することから家康に従軍してきた豊臣系の武将たち――浅野幸長、福島正則、池田輝政、京極高知、田中吉政、堀尾忠氏ら――の態度決定にあった。

福島・黒田が家康につく

家康は、山岡道阿弥、岡野江雪の両名をもって集まった豊臣系諸将に対して上方の情勢を説明せしめ、石田方は従軍諸将の大坂に残された妻子を人質に取っていることから、諸将らの向背進退を各自の自由に任せる旨の意向を伝えた。このとき、福島正則、黒田長政、徳永寿昌の三者は率先して発言し、自分たちは今は大坂のことを顧慮せず、二心なく家康に味方して行動をともにし、石田三成らを討伐する存念である旨を表明した(20)。

福島正則をして、このように明快な決断表明をなさしめるよう導いたのは、黒田長政であるといわれている(21)。西軍挙兵の報はすでに豊臣系諸将の耳にも入っており、かれらは当然にも動揺していた。正則もまた同様であった。

そのようななかにあって、家康の天下取りのためにその智謀をめぐらしていた黒田長政は、豊臣系諸将を結束させて家康の味方につけさせるべく、正則に対して家康への与同の態度を明確にすべきことを説いた。

　正則も石田憎しの思いから家康方に与することについては異存はなかったものの、しかしながら西軍覆滅が豊臣の社稷《しゃしょく》を危うくしかねないことには強い懸念を抱いていた。家康の存念が問題なのである。正則は、「秀頼公へ御疎意なくば何時なりとも家康の味方を仕《つかまつ》るべし」と語った由である。(22)

　黒田長政は、幼少の秀頼に挙兵の意思があるはずもなく、豊臣家に危害の及ぶおそれのないことを力説し、正則もまた家康につくことを決断したといわれている。

　右の問題については、七月二四日付の正則あての家康書状に、翌日の評定に参加を求めた件で、「委細黒田甲斐、徳法印申さるべく候(23)」とあって、黒田長政と徳永寿昌の両名から事前に詳細説明のなされていることを知る。それゆえ大体において、福島正則と黒田長政とのあいだで右のようなやりとりがあったことは想定しうるであろう。

　さて、いまや秀吉恩顧の武将中の筆頭たる福島正則が旗幟《きし》を鮮明にしたことで、もはや豊臣系諸将らはためらうことなく、揃って家康に忠節を尽くすべきことを誓約した。

山内一豊

居城を進上する

さらに山内一豊は発言を求めて、自分の居城遠江掛川《とおとうみかけがわ》城を家康に進上し、これをその自由に差配《さはい》されたきことを申し出た(24)。ここに他の諸将らもこれにならって自己の居城をあいついで家康に進上し、豊臣系諸将が配置されていた駿河沼津城から尾張清洲城にいたる東海道筋の諸城が、労せずしてすべて家康の手中に入ることとなった。

こうして家康方東軍の軍事展開はきわめて容易にして迅速となり、かつ守城兵員も前線に投入できることで大兵力の動員が可能となったのである。

ただちに上方へ

小山の陣に参集の諸将はついで、上方挙兵に対する戦略を協議した。すなわち会津・上方二方面の作戦について、会津討伐を完遂して後方の脅威を取り払ったのちに石田勢と合戦におよぶという案も検討されたが、これは採るところとはならず、会津進撃をいったん停止し、ただちに上方にとって返して石田勢をたたくことを第一とすることに決した。

この評定で決定された作戦と戦力の配分は次の通りであった。まず会津方面作戦については、家康の第二子にして秀忠の兄にあたる結城秀康を主将として宇都宮城に配し、表2に示したように小笠原秀政、岡部長盛、皆川広照らの徳川諸将と、伊達・最上らの奥羽諸大名の

	城　名	将　士	同左城地・石高	備　考
会津上杉方への備	宇都宮城本丸	結城秀康	下総結城 10.1 万石	会津表の総大将
	同城二の丸	小笠原秀政	下総古河 3.0 万石	
	同城三の丸	里見義康	安房館山 9.0 万石	
	同城外郭	蒲生秀行	下野宇都宮 18.0 万石	宇都宮城主
	同城守備	鳥居忠政	下総矢作 4.0 万石	
	同城守備	内藤政長	上総佐貫 2.0 万石	
	同城軍監	松平(大須賀)忠政	上総久留里 3.0 万石	家康に随従して西上
	佐野城	佐野信吉	下野佐野 3.9 万石	佐野城主
	大田原城	大田原晴清	下野大田原 0.8 万石	大田原城主
	同城加勢	服部正就	――――0.5 万石	伊賀同心の頭
	黒羽城本丸	岡部長盛	上総山崎 1.2 万石	
	同城二の丸	服部保英	下総国内 0.03 万石	伊賀同心の頭
	同城三の丸	大関資増	下野黒羽 1.3 万石	黒羽城主
	伊王野城	伊王野資信	下野伊王野 0.07 万石	伊王野城主
	蘆野城	蘆野政泰	下野蘆野 0.08 万石	蘆野城主
	烏山城	成田泰親	下野烏山 3.7 万石	烏山城主
	鍋掛の要害	水谷勝俊	常陸下館 2.5 万石	
	同　上	皆川広照	下野皆川 1.3 万石	
水戸佐竹方への備	結城城	結城晴朝	――――	結城秀康の養父
	布川城	松平信一	下総布川 0.5 万石	布川城主
	小見川城	松平忠利	下総小見川 1.0 万石	小見川城主
	多胡城	保科正光	下総多胡 1.0 万石	多胡城主
	佐倉城	(武田信吉の家人)	下総佐倉 4.0 万石	
	矢作城	(鳥居忠政の家人)	下総矢作 4.0 万石	
	勝浦城	(植村泰忠の家人)	上総勝浦 0.3 万石	勝浦城主
	佐貫城	(内藤政長の家人)	上総佐貫 2.0 万石	
	牛久城	由良国繁	常陸牛久 0.5 万石	牛久城主
	笠間城	(蒲生源左衛門)	常陸笠間 2.0 万石	蒲生秀行老臣、笠間城主
	館山城	(里見義康の家人)	安房館山 9.0 万石	
信州真田方への備	廐橋城	平岩親吉	上野廐橋 3.3 万石	廐橋城主
	三倉城	松平一生	上野三倉 0.55 万石	三倉城主
	高崎城(箕輪城)	諏訪頼水	上野総社 1.2 万石	高崎は井伊直政居城
	大胡城	稲垣長茂	上野国内 0.3 万石	大胡は牧野康成居城

備考：諸城への武将の配備は参謀本部編『関原役』および『朝野旧聞裒藁』に拠る。

表2　関東方面諸城の在番将士

城　　名	城　番　名	同左所領・石高
駿河国沼津城	内藤信成	伊豆韮山1万石
興国寺城	菅沼定仍	上野阿穂1万石
府中城	同　　上	同　　上
遠江国掛川城	松平(松井)康重	武蔵寄西2万石
横須賀城	三宅康貞	武蔵瓶尻0.5万石
浜松城	保科正光	下総多胡1万石
三河国吉田城	松平(大給)家乗	上野那波1万石
岡崎城	松平(桜井)忠頼	武蔵松山2.5万石
西尾城	同　　上	同　　上
刈谷城	水野勝成家人	三河刈谷3万石
尾張国清洲城	石川康通	上総鳴戸2万石
	松平家清	武蔵八幡山1万石
犬山城	北条氏勝	上総岩富1万石

表3　東海道方面諸城の在番将士

軍勢で上杉方を包囲・牽制して、その南下を阻止することとした。

江戸城の留守居には家康第五子の松平(武田)信吉と、家康の異父弟の松平(久松)康元らがあてられ、また豊臣系諸将が明け渡した東海道の諸城の城番として、表3のように徳川譜代の諸将が配置された。

このような上杉方への押さえ、諸城の守備のために徳川系の有力武将のかなりの数がこれらに配属されており、これは関ヶ原の合戦のために徳川系武将を投入できない大きな原因ともなっていた。

さて上方への進攻軍については、これを二手に分け、東海道を豊臣系諸将と家康のひきいる軍勢がすすみ、中山道を徳川秀忠のひきいる一軍がすすむこととした。そして両者は美濃、近江方面で合流して、石田方との合戦におよぶこととしたのである。

結城秀康の鬱屈

以上のような布陣でこの東西決戦に臨むこととなったが、ここに徳川家内部で一つの問題がおこった。すなわち家康の第二子である結城秀康は宇都宮城での防衛の任務を不服として、ぜひに上方に向かって西軍との決戦に参加したい旨を強く家康に申し立てたのであった(25)。この種の希望は会津方面を中心に諸城の任にあてられた徳川諸将の間からあいついで出されており、家康はその処置に大いに困惑している。後述するように、上総久留里三万石の領主である松平（大須賀）忠政は会津守備隊の軍監の役目を命ぜられていたにもかかわらず、強引に家康に随従して東海道をのぼり、関ヶ原の合戦に参加したのであった。

さらに結城秀康の場合には、異母弟である秀忠が徳川の嫡子の地位を固めていること、そして上方進攻軍の一方の大将という華やかな役まわりを演じていることに対する屈折した思いがあった。そもそも秀康という人物には、その幼少のころから家康に疎《うと》まれつづけていたという、もっと厄介な背景があった。幼くして豊臣秀吉の下に人質として送られ、のちに結城氏を嗣ぐこととなったが、家康の嫡男信康の亡きのちは、自分こそ徳川の跡取りであるとの自負があった。しかしながら秀康の思いにもかかわらず、その地位は秀忠に奪われてしまっていたのである。

秀康の宇都宮城守衛に対する不平にはそのような背景があったし、家康もまたその反発の意味を充分に理解していた。家康は秀康を説得して、上杉景勝のひきいるその最強の軍勢は余人をもってはよく防ぎえないこと、上杉の南下を食い止めて家康の進軍の後顧の憂いをなからしめることこそ、真の勇者の働きであるとした。秀康は、この家康の言に機嫌を取りなおして、宇都宮守城の任を受け入れたのである。

このような経緯があったことから、秀康はまったく戦わずして、しかも関ヶ原戦後の論功行賞において越前六七万石の大封を収めるにいたったのである。結城秀康はそののち松平を称することになるが、この越前松平家は将軍の兄筋の家柄として、徳川幕藩体制の中で独特の意味をもつこととなり、徳川将軍家にとってまことに扱いのむつかしい「制外の家」となっていく。

さて話がやや脇にそれたが、会津方面の防衛態勢について今一つ指摘しておかねばならないのは常陸水戸五四万石の佐竹義宣の動向。佐竹は会津討伐に際してはいちおう家康の命にしたがって仙道口より会津に攻め入るかたちをとっていたが、佐竹義宣が石田方と気脈を通じているとの風評がもっぱらであり、家康も佐竹の動きを警戒していた(26)。

義宣はかねてより三成とは親密な間柄とされており、慶長四年に三成が七将に狙われたときにも、これを助けて大坂を脱出させたということはすでに述べたとおりである。

この佐竹、そして小山の評定に先立って叛旗をひるがえした信州上田城の真田に対する押さえとして、表2にあるように、常陸、上野、房総方面の諸大名をこれにあてた。

4　家康の戦略——全国各地の戦闘

書状を濫発

家康は上杉方への押さえを監督したのち、八月四日に小山の陣を引き払って、翌五日には江戸に戻った[27]。しかしながら家康はこののち、八月の終わりまでの一ヵ月間、江戸城にふみとどまって動かなかったのであるが、これは一つには西上に際して背後の敵の進撃を封じておくためであった。

すなわち会津の上杉勢およびこれと気脈を通じている常陸の佐竹勢が、家康が江戸城を離れて西に向かうとみるや、利根川を越えていっせいに関東に乱入してくる恐れがあり[28]、これに対する備えとして、前節に掲げたような城郭の修築、要害の整備が必要であったわけである。家康は入念にその監督、指図をおこなっていた。

さらに述べるならば、不穏な動きは佐竹氏のみならず、陸奥の相馬義胤や下野山川の山川朝信らにもその気配が見られた。もしこれら諸勢力が上杉景勝の動きに呼応して、一丸となって関東平野に進出してきたときには、徳川方にとってはきわめて由々しい事態を迎えることとなるであろう。

上杉の南下を阻止すべく、伊達氏と最上氏にその背後をおびやかす役割を担わせたとして、家康の戦略の巧妙さを称《たた》えるのがつねであるが、しかしながら右に述べたように佐竹・相馬といった勢力が上杉と連動してしまうときには、この背後からの牽制効果はあまり威力を発揮できなくなってしまうのである。

そもそも最上氏の戦力は上杉勢の比ではなく、最上義光ははじめ上杉方からの攻撃をおそれて、偽装ではあるが、景勝に対して与同する態度を示しているほどであった(29)。

家康にとって頼みとなるのは伊達政宗であり、政宗もまた上杉領内に攻め入る態勢をとっていたが、しかしながら後述するように、伊達家の老臣、大身の家臣たちは、かならずしも親徳川で一致しているわけではなかった。政宗とはちがって彼らの上杉討伐の動きは、はなはだ鈍かった(30)。

このような次第であるから、家康にとって背後の危険は決して軽視できず、彼が西上の途について江戸方面が手薄になる時機を、上杉・佐竹の連合勢力は虎視眈々《こしたんたん》と狙っていることであろう(31)。この勢力の関東平野への進出を許してしまったら、東海道を進む家康軍は後尾から追撃され、さらには西軍の大兵力とによって挟撃されることとなってしまう。

家康が宇都宮城の修築をはじめとして、上杉方に対する防衛線の整備に余念がなかったのも、以上のような事情を勘案するならば、無理からぬことであったと了解されるのである。

家康が西上をためらっていたいま一つの理由は、次章で詳しく述べるところであるが、家康は東軍として行動することとなった豊臣系武将たちを充分には信用してはいないという事情にあった。かれらが西軍と遭遇したときに、どのような行動をとるかを見きわめようとしていたのである。

この間、家康は江戸から各地の武将、大名たちに対して書状を発して、味方として勧誘するためのさまざまの方策をほどこしていた。中村孝也氏の研究によれば、家康がこの時期に発した書状の数について、この年の六月までは月に二通ほどの書状が見られるにすぎないのに対して、七月には三四通に急増し、八月には八七通の多きにのぼり、九月は前半が三六通であるが、後半には一八通に減り、一〇月に入ると八通、一一月は四通、一二月には一通を見いだすだけになってしまう由である。(32)

すなわちこの慶長五年の七、八、九月の三ヵ月間に、家康としては異例に多い一七五通という数の書状を発しており、この書状をもってする作戦指示および家康陣営への勧誘工作がこの期間の家康の戦略の中心をなしていた。(33)

利を以て誘う

とくにそれらの書状において、領地の宛行《あてがい》を約束するかたちでの勧誘が顕著となっている。八月一二日付の加藤清正あての書状では、九州で家康方として戦っている清正に肥後・筑後両国の進呈を約束し、この両国を平定して清正の裁量で差配すべきことを指示している。(34)

同日付の細川忠興あての書状においては、忠興に丹後国のほかに但馬国を加えて進呈することを約束している[35]。忠興は家康に随従して会津討伐に向かった武将であり、彼に対するこのような領地宛行の書状が見られるのはやや奇異な感もするが、これは後述するように忠興の父幽斎藤孝が丹後田辺城で、よく孤軍奮闘したことへの褒賞の意なのであろう。そして田辺落城で領地を失った忠興への激励の意もこめられていると思われる[36]。

八月一四日付の九鬼守隆あてでは南伊勢五郡の進呈を約束している。

八月二一日付の伊達政宗あてのものでは、政宗に対しては伊達家の本領である刈田・伊達・信夫・二本松・塩松・田村・長井の七ヵ所四九万五〇〇〇石余の所領の進呈を約束している[37]。しかもこの領地宛行の判物《はんもつ》（発給者の花押を据えた証明書）では異例なことに、これらの所領を政宗から伊達家の家老衆に宛行うべきことを指示しているのである。

これは大坂方の挙兵と家康討伐令の発布という事態を迎えて伊達家中が動揺しており、政宗自身は家康への与同の姿勢をあきらかにしていたが、伊達の家老衆の中にこれに服さない動きのあることが伝えられていたため、家康はあえてこのような配慮をほどこしたのであろう。

これらの他にも、桑山重晴《くわやましげはる》、遠藤慶隆《えんどうよしたか》、多羅尾広好《たらおひろよし》、真田信幸、松倉弥二郎《まつくらやじろう》といった中小領主に対しても、本領安堵の判物を発給している[38]。

黒田長政による調略

これら一連の非戦闘的な戦略、政略の中でひときわ重要な地位を占めることとなったのが、黒田長政による多方面にわたる調略であった。長政のとった活動は結果的には、関ヶ原合戦の帰趨を決するほどに重要な役割をはたしていた。それは主として三人の要《かなめ》となる人物に対する、家康方への与同をもとめる働きかけとしてなされた。

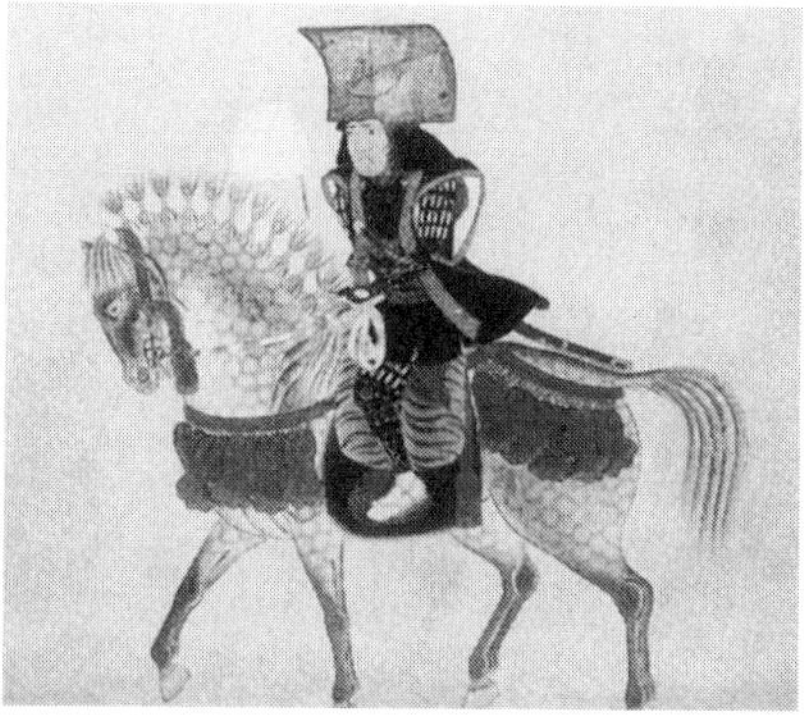
黒田長政（福岡市博物館蔵）

その三人とはすなわち福島正則、吉川広家《きっかわひろいえ》、小《こ》早川秀秋《ばやかわひであき》であった。福島正則に対する働きかけについてはすでに述べた。

吉川広家に対する働きかけについては、次のとおりである。

吉川広家は毛利輝元の従兄弟《いとこ》にして毛利一門の重鎮であり、出雲富田城にあって一二万石を有する大名であった。

その祖父毛利元就の遺訓は、たとえ五ヵ国、十ヵ国の太守となろうとも、構えて中央に覇を唱えてはならずとするところにあった。たとえ領国が大をなそうとも、それは一時の幸運によることをわきまえるべきなのであって、いたずらに強欲を心に抱くことは一族の破滅を招くことであるとする考えであった。

父にして輝元の後見者であった吉川元春《もとはる》から、この元就の考えを説き聞かされていた広家である。安国寺恵瓊が輝元を引きずりだして西軍の総帥《そうすい》にまつりあげようという企てを知ったときの衝撃は、いかばかりであったろうか。広家は毛利家の安泰をはかるべく、ともかくも今回の一事はすべて安国寺らの謀計に出たことで、輝元は事情不案内なままに彼らに籠絡《ろうらく》されたにすぎないというかたちで、家康の了解を取りつけようとしていた[39]。

そして黒田長政を通してこの意向を家康に伝えようとしたのであった。それは次の八月八日付の黒田長政あての家康書状[40]のなかに見てとることができる。

従㆓吉川殿㆒之書状、具令㆓披見㆒候、御断之段、一々令㆑得㆓其意㆒候、輝元如㆓兄弟㆒申合候、不審ニ存候之処、無㆓御存知㆒儀共之由承、致㆓満足㆒候、此節候之間、能様ニ被㆓仰遣㆒尤候、恐々謹言

八月八日　　家康　判

黒田甲斐守殿

すなわち、輝元は今回の企ての真相を知っていないとする広家の書面の趣を了承し、いま

こそが肝要の時期であるがゆえに、しかるべきよう長政から申し遣わされたいとしている。右の書状で、輝元とは兄弟のごとくと言っているのは、先述のように、慶長四年閏三月に家康が伏見城に入城することになったおりに、輝元と誓詞を交換して「表裏別心なく兄弟のごとく」申し合わせる旨を誓約しあったことを指しているのである（第一章3参照）。

輝元が今回の挙兵の一件に積極的に関与していたのか、たんに籠絡されたにすぎなかったかは、戦後の毛利家の処分をめぐる大事なポイントであった。家康がこの問題でどのような態度を持していたかは、毛利家処分問題と関連して興味ぶかいところであるが、この点はのちに再述する。

さて長政はこの家康書状を受けて八月一七日付で広家に返書[41]をしたため、今回の一件は「安国寺一人之才覚」と家康公も了承されたこと、毛利家の保全の件については、当方では自分がよろしく取りはからうので、輝元に対する説得を遺漏なきようにされたいことを申し入れている。そしてことに強調して、「御弓矢此方勝手罷成候《ニまかりなり》ては、左様之儀も調かね」と、家康方が軍事的に勝利をおさめてしまってからでは、手の施しようもないのであるから、開戦前に明確な態度表明をすることが不可欠であるとしている。

長政の広家をとおした毛利家の内応工作は続けられ、開戦直前の九月一四日には広家と毛利の家老福原広俊《ひろとし》の両名から家康方に、毛利不参戦の証しとしての人質が提出され[42]、家康方からは井伊直政、本多忠勝の連名になる血判誓詞が吉川、福原両名あてに提出され、輝元の

身の安全と毛利家の領地に変更なきことを明記していた。(43)

毛利勢では今ひとり重要な人物として、輝元の養子にして関ヶ原に進出していた毛利勢の大将格である毛利秀元があった。しかしながらこの秀元は血気盛んな人物として知られており、とても内応の話し合いに乗るような人物とは思われなかったので、彼への工作は行われなかったようである。秀元はじっさい、広家らの内応工作を知らなかったと思われる。(44)

黒田長政の働きかけは吉川広家と福原広俊の両名にかぎられたようであるが、この実権をもつ両老臣をおさえたことで、毛利勢の動きをまずは封じこめることに成功したといってよいであろう。

長政の工作の第三番目の対象にして、しかも関ヶ原の合戦の帰趨を決することになるのが、周知の小早川秀秋である。長政の秀秋に対する内応工作を裏づけるのは、かつて徳富《とくとみ》蘇《そ》峰《ほう》翁が紹介された次の書状である。(45)

尚々急ぎ御忠節尤に存候、以上

先書に雖二申入候一、重而山道阿弥〔山岡道阿弥〕所より両人遣レ之候条、致二啓上一候、貴様何方《いずかた》に御座候共、此度御忠節肝要候、二三日中に内府公〔家康〕、御着に候条、其以前に御分別此処候、政所様へ相つゝき御馳走不レ申候ては、不レ叶両人に候間、如レ此候、早々返事示待候、委敷《くわしく》は口上に可レ得二御意一候、恐惶謹言

八月廿八日

浅野左京大夫〔幸長〕（花押）
黒田甲斐守〔長政〕（花押）

筑前中納言様〔小早川秀秋〕
人々御中

前段の意味はやや不分明なところがあるが、先の書面ですでに申し入れたことではあるが、山岡道阿弥から使者両名を秀秋のもとに再度遣わすこととなったので、書面を使者に託してお送りするという意味かと解される。ここに山岡道阿弥とは名を景友《かげとも》といい、もとは三井寺光浄院の僧侶で信長、秀吉に仕え、御咄衆《おはなししゅう》としてあった人物である。彼は本能寺の変ののち近江瀬田を守って明智軍の進出を妨げたこともあるなど、武の面でもひとかどの人物であったようであるが、先述のように彼は会津征討のおりに家康の御馬前の供奉をつとめ、小山の評定では家康の命で豊臣系諸将に上方の情勢の説明をするなど、家康のお気に入りであったようである。

その山岡道阿弥のもとから派遣する使者に託するということであるから、さだめしこれは家康の意を体した申し入れなのであろう。

二、三日中に家康到着というのは、いかにも早すぎる話ではあるが、いずれにしても早急の決断をうながしているのである。そして重要なのは北の政所（秀吉室、高台院）の名を持ち出していることで、秀秋はもとより彼女の甥（北の政所の兄木下家定の子）であるが、長政、幸長の両名は秀秋に説いて、彼女に対する奉仕、尽力の観点から家康への与同を促さなければならないとしているのである。

これは奇妙ではあるが、やはり重要な観点なのであって、この関ヶ原合戦の原因の一つをなし、同合戦における両陣営の勢力分布を規定する要因として、北の政所と淀殿との確執という問題が伏在していたことを明確に実証するものでもある。そして北の政所に好意を寄せ、彼女のために尽くすということは、とりもなおさず家康に与同して、淀殿と三成の勢力に敵対するに他ならないということが、率直な実感として人びとのあいだで共有されていたということなのである。

所領の保全や加増といった物質的利害にまったく言及せずして、右の観点のみを説いていることは、この問題がいかに深刻であり、人びとの去就を決しうるほどに内奥の力を有していたことを示唆しているであろう。そして黒田長政はこの観点において、秀秋の与同を誘っているのである。

長政はまた秀秋の老臣稲葉《いなば》正成《まさなり》と平岡頼勝《ひらおかよりかつ》にも働きかけていたようで、正成は秀秋に説いて使者を長政、山岡道阿弥らのもとに送って、上方のようすをひそかに注進していたとのことである(46)。

長政は秀秋方から内応の約束を、人質とともに取りおくと同時に、目付として家臣大久保《おおくぼ》猪之助《いのすけ》を秀秋の陣中に送りこみ、家康から送りこまれていた奥平藤兵衛貞治《おくだいらとうべえさだはる》と共同で、その行動を監視させた。

以上が、黒田長政のおこなった内応工作のあらましである。彼が工作の対象とした人物の選択はまことに的確であり、どこからしてもこれ以上に合戦の要となる重要な人物は見あたらないし、これほど工作の対象として効果の期待しうる人物も考えがたいように思われる。そしてまた結果の観点からしても、関ヶ原合戦の帰趨を決定する絶大な効果をもたらすことになったのである。

もちろん長政の内応工作が水際立っていたからといって、それが必ずしも思いどおりに実現していくわけでもない。後述のごとく関ヶ原の合戦において、戦況しだいでは長政の内応工作はまったく逆の結果をもたらしていたかもしれない。

あるいはまた彼が働かずとも、他の誰かがその役割を代わって引きうけたかもしれない。

それらの問題は歴史がつねに抱える、判定不能の選択肢というものであろう。歴史はその進行の方向には無限の選択肢を眺めることができるが、通りすぎた跡にはただ一つの動かしえない事実を残すのみなのである。

そして長政の本合戦において行った一連の調略と、それが期待していたところの一連の成果は、まさにその希有《けう》な事実の一つながりの軌跡を描いていた。長政が本合戦において見せた活動は、調略というものが歴史のうえで果たす役割についての、極限的なケースを示しているように思われる。

丹後田辺の籠城戦

丹後田辺城は細川忠興の父幽斎の居城であったが、幽斎が大坂方の呼びかけに応じなかったことから、田辺城攻略の軍勢がこの地に向けられた。小野木《おのぎ》公郷《きみさと》ら十数名の武将にひきいられたその軍勢は一万五千を数えていた(47)。

これに対して細川家の将兵の大半は忠興とともに会津討伐に赴いており、幽斎のまわりは徒士《かち》・足軽までふくめてもわずかに五百に足らずというありさまであった。それにもかかわらず幽斎は籠城の決意でこれに臨み、兵粮を蓄え、防御をきびしくして敵の到来を待った。

小野木らの軍勢は七月二〇日には丹後に入り、ただちに田辺城に攻撃をかけた。激しい銃撃戦も繰りひろげられたが、城兵の鉄砲隊の反撃の威力もあなどりがたかったことから、攻城側の進撃も止められ、長期持久戦の様相を呈してきた。この間、攻城側は三百目玉の大砲による攻撃なども試みたが、幽斎以下の城兵はなおも屈せずして籠城は九月の半ばに及び、じつに二ヵ月の長きにわたってよく持ちこたえた。

古今伝授を絶やすな

この田辺籠城戦については、京都の公家・文人の社会においても、強い危惧《きぐ》の念をもって眺められていた。すなわち、王朝文化の精華とも言うべき古今伝授《こきんでんじゅ》の秘伝を継承し、当代随一の文人と目されている幽斎が戦闘で落命するようなことがあれば、古今伝授の断絶はもとより、幽斎の身に担われている伝統文化に一大損失をきたすとして、これを憂うる声が広まっていた。

幽斎から歌学を授けられたこともある八条宮智仁親王《としひとしんのう》は、幽斎の身を案じて大坂方をはじめとする各方面に働きかけ、また七月二七日には家臣大石甚助を田辺に遣わして、幽斎に講和のうえで退城するよう説得した。

だが幽斎はこの講和仲介を謝絶し、使者の大石に託して古今集証明状を智仁親王に贈り、源氏抄と二十一代和歌集を朝廷に献じる処置をとったのち、その身はなおも籠城抗戦の構えを崩さなかった。智仁親王は八月二一日に再度の講和調停を試みたが、幽斎はこれをも聞かなかった。

わずか五百の寡兵で、しかも孤立無援の近畿地方において、二ヵ月にも及ぼうとする籠城戦を完遂した幽斎の態度はまことにあっぱれと称するほかはないであろうが、ただ戦略的にはこ

細川幽斎（天授庵蔵）

の籠城はあまり意味のあることとも思えない。援軍の到来はほとんど期待できない状態であるから、この籠城ははじめから玉砕を覚悟の行動であったと解される。

この慶長五年に齢六十七を数えた幽斎にとっては、この合戦は彼の長い人生の最後を飾るハレ舞台であり、武人としての名を歴史に刻みとどむべき願ってもない好機だったということであろう。彼の脳裏をよぎったのは、かの源平合戦において平家の大軍を迎え受けて奮戦し、老いたる身にも花を咲かせて、宇治の平等院に散っていった源三位《げんざんみ》入道頼政《にゅうどうよりまさ》のことなどであったかもしれない。

幽斎の戦略を無視した頑《かたくな》な態度は、おそらくはそのような事情によっていたのであろう。しかしながら智仁親王はいかにしても幽斎を救出せんと思い悩み、もはや自己の説得では力およばずと見て、朝廷に奏請して勅使の派遣をもとめた。こうして九月一三日、勅命講和の使者が田辺に派遣される運びとなり、さしもの幽斎も勅命にしたがって開城して、二ヵ月におよんだ籠城戦を終えた。

不運な京極高次

今次の戦いで田辺城の籠城戦[48]より以上に、重要な意味をもったのが京極高次によるその居城大津城の籠城戦であったろう。

大津城の城主京極高次は佐々木氏の庶流で、近江源氏の流れをくむ名門の出である。高次の正室浅井氏（常高院《じょうこういん》）は豊臣秀頼の生母淀殿、徳川秀忠の正室お江与《えよ》の方（崇源院《すうげんいん》）と姉妹の関係にあった。

　高次は早くから家康とよしみを通じており、家康が会津討伐のため東下の途中に大津城にいたったときも、大坂に変事が発生した場合の対応について密談している。

　七月の大坂奉行、毛利輝元らの挙兵に際しては表面これにしたがう態度を示し、北陸における東軍の前田利長の動きに対抗すべく兵二千をひきいて出陣した。しかし八月二三日の岐阜城陥落の報が入るや、高次は近江に引き返し、九月三日には大津城に入って籠城の用意をはじめた。高次は、家康の会津出陣につきしたがって東征し、その後は福島正則らとともに清洲、赤坂に進出してきている弟の京極高知（信州飯田一〇万石）と連絡をとりあいながら事をすすめた。

　京極高次が叛旗をひるがえしたことがあきらかとなるや、九月一二日、西軍は立花宗茂、毛利元康・毛利（小早川）秀包《ひでかね》、筑紫《つくし》広門《ひろかど》、宗義智らの兵一万五千を派して大津城の攻撃にかかった。高次もよく戦ったが衆寡敵《しゅうかてき》せず、さらに西軍は大砲《おおづつ》をもって城を攻撃し、天守閣以下に甚大な被害を与えることによって城内の抗戦の意志をくじいた。

　同一四日、同城本丸の攻防戦を行っているさなか、西軍側は高野山僧の木食上人応其《もくじきしょうにんおうご》を城内に遣わして開城をもとめた。高次はなおも抗戦の意志をもっていたが、外部との連絡がすでに取れない状態となっており、家康軍の展開を知ることができなかった。そこで、周囲の意見を容《い》れて開城に踏みきり、同一五日の朝、高次は三井寺《みいでら》に退いて剃髪し、そのまま高野山に入った。

高次の退城した九月一五日は、ほかならぬ関ヶ原合戦の当日であった。いま一日持ちこたえておれば高次の名誉と恩賞は莫大《ばくだい》であったろうに、まことに惜しいことをしたものだと、これは当時から語られていたことであった。

西軍最強の武将、立花宗茂

しかし京極高次の籠城は東軍の関ヶ原における勝利にとって、決して無意味なものではなかった。それは西軍の最強の武将と目され、今次の戦いにおいて秀頼のために最も果敢に働いていた立花宗茂と、その兵四千を大津城に釘づけにしたということである。

立花宗茂。九州の勇将高橋紹運《しょううん》（鎮種《しげたね》）の子にして、立花道雪《どうせつ》（鑑連《あきつら》）の養子となって筑前の名族立花氏を継いだ九州屈指の武将である。実父紹運とともに九州の戦乱のなかで島津氏の大勢力と互角に戦い、あるいはこれを撃ち破って縦横のはたらきをした。さらに朝鮮陣では、かの碧蹄館の戦いにわずか二千の手兵をもって明の数万の大軍に正面から立ち向かい、しかもこれを撃破するという戦績をあげてその武名を不朽のものとしたのであった。

しかも立花宗茂は今次の家康討伐の戦いにおいては、彼が負担すべき軍役人数をはるかにこえる四千余の兵を引きつれて参陣し、しかも各地を積極的に転戦するなど、日和見《ひよりみ》武将の

多い西軍のなかにあって、三成ら大坂方にはまことに頼みとなる存在であった。(49)

もとより立花宗茂をもって西軍中の最強といえば、異論も唱えられることであろう。西軍には島津義弘があり、また大谷吉継がある。これらもまた宗茂に勝るとも劣らぬ勇将に違いない。しかしながらこのおりの島津義弘には手兵が千人余しかなく、また義弘自身も家康に敵対して戦うことにためらいを捨てきれていなかった。大谷吉継も軍の指揮の絶妙なことで知られていたが、すでに病に冒され視力も失せかけていたとされる彼の場合、いかんせん満足な戦闘行動を期待することはできなかったであろう。立花宗茂をもって西軍最強というのはこれらの事情も踏まえてのことなのである。

立花宗茂、そしてさらには毛利秀包、筑紫広門らの軍勢が関ヶ原に投入されえなかったことは西軍にとっては大きな痛手であり、関ヶ原合戦の実状がのちに述べるような性格をもっていただけに、立花宗茂以下の軍勢が参戦しておれば勝敗の帰趨は予断を許さなかったと思われる。

上杉領国付近での戦闘

信夫《しのぶ》口からの進撃を担当する伊達政宗は、七月一二日に北目《きため》城に入って上杉方の出城たる白石《しろいし》城への攻撃の準備をすすめていた。米沢口に向かうべき最上義光《もがみよしあき》は、上杉軍の強勢を恐れて慎重に構えていた。津川口を受け持った前田利長は北陸諸将をひきいて進発すべく予定していたところ、小松領主の丹羽長重《にわながしげ》に不穏な動きがあったので、軍を転じて小松方面にすすんだ。

越後領主の堀秀治も津川口から進撃すべく準備を進めていたところ、領内各地において上杉旧臣たちによる土豪一揆《いっき》がいっせいに蜂起し、これがために堀は軍を動かすことができなくなった。

じつはこの堀秀治の動きにも不可解なところがあった。堀は家康方と一般には見なされており、直江兼続も越後国内の土豪蜂起という戦術を用いたのであるが、その後、三成から兼続に書状が寄せられ、右の作戦は中止された(50)。

すなわち三成の書状によれば、堀秀治から秀頼への忠節を果たすべく大坂方に与同したい旨の申し入れがあったとのことである。これが偽装であるか心底からのことであるかは、結局のところ確認不可能というほかはない。だがいずれにしても、越後方面からの脅威がなくなったことで、上杉方としてはこれをよろこんだ。

伊達政宗の悲願

白石城は上杉領の諸城のうち東北に位置する要衝で、信夫口を押さえて、とくに伊達氏に対する備えの要であった。城主には上杉家中で重きをなす甘糟景継《あまかすかげつぐ》を任じていた(51)。

伊達政宗にとって刈田・信夫・伊達といった諸郡は、もともと伊達氏の故地であったが、秀吉によって取り上げられ、代わりに葛西・大崎一揆の生じた地を替え地として与えられたことによって、伊達領は奥の方に追いやられたかたちとなっていた。

伊達郡は伊達氏にとっては苗字の地にして先祖伝来の領地であり、それゆえにこれを回復することは政宗にとって悲願と言うべく、会津討伐は願ってもない好機の到来を意味した。家康もまた政宗を味方に引き入れるために、先述のようにこれら伊達本領七ヵ所の地四九万五〇〇〇石余を与える旨を約束した領地宛行状を政宗に発給している（これは政宗の領地六〇万石と併せて一〇〇万石余となるので伊達百万石の墨付と呼ばれている文書であるが、関ヶ原合戦後この四九万五〇〇〇石余の宛行状は反古《ほご》にされている）(52)。

六月一四日に会津討伐が発令されるや、大坂にあった政宗はただちに帰国の途につき、国元で軍勢を整えたのち七月一二日には伊達領の出城の一つである北目城に入って、上杉領への侵攻の機をうかがっていた。

折しも会津に向かって徳川軍の進軍が始まったために、上杉景勝は白石城主の甘糟景継に白河に赴いて、同地の防備にあたるように命じた。かくて甘糟は白石城をあとにして白河に向かったが、この情報を得た伊達政宗は七月二一日に北目城を発して、同二四日に白石城に対して攻撃を開始した。白石城は翌二五日に陥落し、政宗は同城の防衛を片倉小十郎景綱《かたくらこじゅうろうかげつな》に委ねて自身は北目城に引き上げた。

伊勢方面の戦闘

伊勢国は東西を結ぶ交通の要地である。旧東海道は尾張熱田《おわりあつた》から伊勢の桑名に渡って、それから鈴鹿越えで近江の草津へ出たことから知られるように、伊勢は東西交通の幹線路にあって戦略的にも重要な場所である。

それゆえに西軍側もこの地を制圧すべく、開戦の初期の段階で大軍をここに投入した(53)。すなわち毛利秀元、吉川広家、安国寺恵瓊らの毛利勢と、長宗我部盛親《ちょうそかべもりちか》、鍋島勝茂、長束正家および豊臣秀頼麾下の将士、そして九鬼嘉隆のひきいる水軍ともすべて三万余の兵力であった。

家康方についたのは安濃津《あのつ》城主の富田信高《とみたのぶたか》、松坂城主の古田重勝、上野城主の分部光嘉《わけべみつよし》らであり、いずれも家康にしたがって会津征討に向かっていた者たちであった。彼らは小山の評定ののちに国元に戻り、それぞれの居城に拠って西軍と戦った。

このうち分部光嘉は上野城の防備の不足を感じて、これを捨てて安濃津城に入り、富田の軍勢に合流した。安濃津城は八月二四日から西軍の攻撃をうけたが、城将富田信高以下の城内の兵一千七百余はこれを防いでよく戦った。

もとより衆寡敵せず、城兵の側はじりじりと後退を余儀なくされていたのであるが、このとき城中より容顔美麗な若武者が、緋縅《ひおどし》の鎧《よろい》に半月の飾りをもった兜《かぶと》をつけ、片鎌の手鑓《てやり》をひっさげて敵前へ現れ出《い》でた。そして鑓を合わせて五、六人の者をつぎつぎに手負わせ、なお進んで目覚ましい戦いぶりを示した。
信高ら富田勢の者たちも、この突然に現れた若武者の活躍には驚いたが誰もこの人物を知らなかった。富田信高は敵を退けたのち若武者に近寄って声をかけ、その顔をのぞいたところ、なんと自分の妻であったということである。この信高夫人は容貌も世に優れていたとのことであるが、そのあざやかな働きぶりといい、昔の巴御前《ともえごぜん》の再来かと人びとは驚嘆した由である。(54)

さて富田らの奮戦にもかかわらず、攻防両者の兵力の差はいかんともしがたく、同二五日には高野山木食上人らの扱いで開城し、信高は一身田《いっしんでん》の専修寺《せんじゅじ》で剃髪して高野山に入った。松坂城の古田重勝は形勢の不利を悟ってあえて西軍と戦わず、和を申し出て時をかせぎ、関ヶ原の合戦ののちまで城をよく持ちこたえた。

九州方面の情勢

この慶長五年の戦いのなかで、九州の東西両陣営の勢力配置を見るならば次のとおりであった。(55)家康方への与同の態度を明確にしたのは、豊前中津の黒田如水《じょすい》（孝高《よしたか》）と肥後熊本の加藤清正の二者にとどまり、自余の武将は大坂方ないしは日和見《ひよりみ》であった。

そして九州の攻防戦は豊後国を中心としてはじまった。豊後の旧国主である大友義統《よしむね》は朝鮮の陣の文禄二年、明将李如松が大軍をひきいて小西行長を平壌に包囲したおりに、狼狽《ろうばい》し

黒田如水（孝高）

てこれを救援せずして退却したことから秀吉の怒りを買い、封地を没収されて安芸の毛利氏のもとに蟄居せしめられていた。

その大友義統が今次の戦いに際して、毛利輝元の支援のもとに兵をひいて豊後に戻ってきた。義統は同国の速見《はやみ》郡に上陸して立石の地を拠点としたが、大友の旧臣や領民は大友氏の復帰をよろこんで、大挙してここに馳せ参じてきた。

豊後国は安岐《あき》の熊谷、府内《ふない》の早川、富来《とみく》の垣見、臼杵《うすき》の太田と西軍に属した大名が多いが、杵築《きつき》六万石の領地は丹後宮津の細川氏の飛地《とびち》としてあり、細川家の家老の松井康之、有《あり》吉立行《よしたつゆき》の両名が杵築城に拠ってこれを管していた。そして細川氏が家康方について戦っていたために、九州の東西対決はまずこの杵築の地をめぐって繰りひろげられることとなる。

九月一〇日、大友の軍勢はこの杵築城を攻略すべく向かったが、城代の松井、有吉からの通報を受けた黒田如水は、これを救援のため大軍をひきいて豊後に入った。大友軍はこれを知って立石に兵をひいたが、黒田の援軍は松井、有吉らの兵とともに立石に向かい、同一三日から同所において戦闘を展開した。

そして激しい銃撃戦のすえに大友軍はついに敗退し、黒田方からの降伏勧告を受けいれるかたちで、大友義統は剃髪して軍門に下った。ここでも不思議なことに、この降伏は関ヶ原の合戦当日にあたる九月一五日のことであった。

黒田如水はその後も、熊谷氏の安岐城や垣見氏の富来城など、西軍に属した諸氏の城をつぎつぎに攻略し、あわよくば、これら切りとった城地を自己の版図に編入せんとあれこれ画策していた[56]。

いっぽう加藤清正の方は、はじめ杵築城を救援すべく兵を送り、みずからも九月一五日に熊本を発して立石に向かったが、その途中の同一七日に大友義統の降伏の報に接したので、それより向きを転じて小西行長の居城たる宇土城《うとじょう》をめざして進撃した。

宇土城の攻撃は九月一九日からはじめられたが、城代の小西行景《こにしゆきかげ》は南条元琢《なんじょうげんたく》、小西如庵《じょあん》（内藤如安）らとともによく防戦し、加藤の軍勢を苦しめた。しかも小西軍は薩摩に援軍を要請し、島津義久（龍伯）は島津忠長、新納《にいろ》忠元《ただもと》らを将として兵を肥後に送り、彼らは水俣城に拠って加藤軍と戦った。

この宇土方面の戦闘は関ヶ原の本戦が決着したのちも続けられていたが、上方の情勢がつまびらかになるや、宇土城代の小西行景は一〇月二〇日に開城に応じ、みずからは熊本におもむいて同地で自決した。肥後に進出していた島津の兵も薩摩へと撤退していった。

［補論　小早川秀秋宛の浅野・黒田連署状の位置づけ］

本書本文の中で論じたように、この八月二八日付の小早川秀秋宛書状は、この関ヶ原合戦における北の政所（おね）の存在の重要性を証示していると筆者は判断するのであるが、この書状をもって北の政所と淀殿との確執を読み取ることは妥当ではないとされる批判的意見がある。本書状は、筆者の行論において、関ヶ原合戦の背景的要因として北の政所と淀殿との確執が存在するという認定、そして小早川秀秋の寝返りの理由が、右の確執によって不遇の境涯に追いやられている北の政所の地位回復にあるとする理解の根拠をなすものである。それ故に、ここで再度、本書状の解釈を徹底させたく考える次第である。

この書状において先ず注意しなければならないことは、浅野と黒田が小早川に対して家康側に味方するよう慫慂する文面の中に、「北の政所は家康を支持している」といった類の文言はまったく見られないという事実である。しかも浅野と黒田は北の政所のために粉骨の奉仕をしなければならない自分たちであるから、このように小早川に対して裏切りを勧奨しなければならないと、言う。

すなわち、北の政所の実の甥（北政所兄の木下家定の子）である秀秋は、自分たち以上に北の政所のために尽くさなければならないのはあたりまえであり、北の政所のことを大切に思うならば、家康側に寝返りを決断するのは当然であるという説得である。しかも、北の政所が家康を支持しているという文言などどこにも見られないのにである。

つまり、北の政所のことを大切に思うのであれば、この東西対決の状況の中では家康側に味方することは、まったく説明の必要がないほどに当時の人びとにとっては自明のことがらであったということである。逆言すれば、家康と反家康の抗争において、反家康陣営の側が勝利をおさめるということは北の政所の身上にとってきわめて不利、災厄となる結果がもたらされることが、何の説明も要さないほどに同時代に生きていた人びとにとっては自明であったということである。

「北の政所と淀殿との間に抜き差しならぬ確執が存在していた」という認定を仮に封印した場合、右のような状況は、いったいどのようにして説明、解釈できるというのであろうか。筆者は、それは不可能ではないかと考える。

関ヶ原合戦の重要因子の一つに、北の政所と淀殿との確執が存在したという認定は、次の事実によっても裏付けられる。すなわち、浅野・黒田両名が小早川に裏切りを勧奨するに際して、石高とか官位とかの利益条件をいっさい口にしていないこと、ただ北の政所の身上のみを問題としているという事実である。

当然にも実利的条件が提示されてしかるべきこの局面である。もし裏切りに応じたならば、家康公に対して領地保全であれ、なにがしかの恩賞であれ、それをとりなすであろう旨の文言が記されてしかるべき状況ではないか。小早川が裏切りに応じる決断をするか否かは、この東西決戦の帰趨を決するほどに重要な問題なのであるから。

しかもこの両名は、いっさい実利的条件への言及を見せない。何故であるか。それは実利的条件を持ち出すまでもないことであると、両名が考えているからにほかならないであろう。北の政所の身上への顧慮という問題を小早川に自覚させさえするならば、それで目的は充分に達成しうるものと確信していたからである。

それほどに北の政所の身上ということが、この書状において決定的な意味を有していたのである。以上を総括するならば、この東西決戦の局面において、かくも北の政所の身上ということに問題の焦点が合わされていることは、とりもなおさず、関ヶ原合戦の背景に伏在しており、かつ同合戦を構成していた主要要因の一つが、淀殿と北の政所との間に繰り広げられていた深刻な確執であったということ、そして小早川秀秋の寝返りはもっぱらこのような北の政所の身上に対する顧慮を第一義としてなされていたということ、これである。

第三章　関ヶ原の合戦——慶長五年九月一五日

1　東軍の展開と家康出陣

家康、江戸を動かず

七月二五日の小山の評定ののち、会津討伐軍はとって返して江戸に戻り、福島正則・藤堂高虎・田中吉政・池田輝政らの豊臣系諸将は八月一日より、あいついで江戸を発して東海道を西上の途についた。そしてこれには、徳川武将の本多忠勝を軍監（軍目付《いくさめつけ》）として同道させ、ついで井伊直政の軍勢を家康隊の先鋒のかたちで先遣した。

　はじめ家康は井伊直政の軍勢を東海道方面の徳川軍の先鋒として、豊臣系武将と同時に派遣する予定でいた。しかるにこの時、直政がにわかの病に臥せったために、八月八日の前後に急遽これに替えて、本多忠勝を軍監の資格で豊臣系武将たちに同行させることとしたのである。[1]

　忠勝の本多家の本隊はこの時の軍団編成では、徳川秀忠に属して中山道をすすむ予定にな

藤堂高虎

っていたために、その指揮は嫡子の本多忠政に委ね、忠勝はそこから小姓・足軽の者四百名ばかりを割《さ》いて、これを引きつれ東海道を西上するのである。

そして直政の病気もほどなく癒えたので、小山の陣所からただちに東海道に向けて進発した。本多忠勝とは違って、井伊の場合はあくまで東海道方面の徳川軍の先鋒なのであるから、三千人余の軍勢を引きつれた本格的な軍隊であった。

家康は先発していった豊臣系諸将に対して、「先勢として井伊兵部少輔《ひょうぶのしょう》（直政）を差し遣はし候条、行《てだて》などの儀、われら出馬以前は何様にも彼の指図次第に仰談ぜられ候はゞ、本望たるべく候」[2]と申し送っている。前線での作戦指揮を直政に委ねたかたちになっている。この文面にある「行《てだて》」とはこの時代に特有の用語で、軍事上の作戦・対応や策略などを意味している。

さて前章に述べたごとく、江戸城に戻った家康はただちには西上をはじめなかった。家康にしてみれば江戸城をあとにして西上するためには、会津の上杉勢およびこれと気脈を通じていると思われる常陸の佐竹勢に対する備えを充分に施しておく必要があった。だがより根本的な問題は、家康が東軍に属した豊臣系武将たちを信頼しきれていないというところにあった。彼らの心変わりをおそれていたということであろう。

八月四日、すでに東海道を出発していた黒田長政を家康は呼び戻し、深更に及ぶまで作戦を協議している。そこではとくに「福島左衛門大夫〔正則〕ハもし別心これあるまじき哉」[3]の段を、長政に念を押しているのが印象的である。

このような疑心暗鬼《ぎしんあんき》は豊臣系諸将の相互の間でも渦巻いていたもようで、細川忠興が三河国御油《ごゆ》の地から岡崎に至らんとしたとき、岡崎城主の田中吉政に不穏な動きがある旨が藤堂高虎から通報され、忠興は用心のため御油に滞留したということもあった[4]。家康方の東軍もけっして一枚岩ではなく、相互不信のもろさを抱えたままでの進軍であった。家康にとって豊臣系諸将で真に頼みになるのは、黒田長政と藤堂高虎の二人ぐらいではなかったか。

さて八月一四日までに豊臣系諸将は尾張清洲城に集結し、ここで西軍の最前線をなす織田秀信の守る岐阜城の軍勢と対峙の状態に入った。

劫の立替に遊ばされ候

しかしなお家康は出陣をためらっていた。豊臣系諸将と行動をともにして西軍と戦っていて、もし彼らが寝返りを見せたときには、家康軍は包囲されて袋の鼠《ねずみ》となってしまうおそれがある。彼らがはじめから敵側について戦ってくる場合には、距離を保って戦えばよいのであって、徳川の全兵力をもってすれば彼らが敵側に回ろうとも別段おそれるにはおよばないであろう。むしろ彼らと身近く行動することが危険なのである。

これらの事情からして、家康はいっこうに動く気配をみせなかった。しかして清洲城に集結した豊臣系諸将は次第にしびれを切らし、彼らのあいだで家康に対する不満と疑問の声が公然とあがってきた。福島正則は腹を立てて「劫《こう》の立替に遊ばされ候」（囲碁で捨石となすの意）と家康を難じた。

家康の女婿であった池田輝政（家康第二女督姫の夫）は、家康を弁護して正則と口論におよび、そして徳川将士である井伊・本多の両名がこれを何とか取りなすなど、清洲城内はきわめて険悪な雰囲気につつまれていた。

同八月一九日になって家康の使者村越《むらこし》茂助《もすけ》（直吉）が清洲に到着した。福島正則は村越に向かって、家康公の出馬のないのはわれらを劫の立替となすつもりであるかと詰め寄ったところ、村越は平然として、口上をもって家康の意命を伝えた。「おのおのの手出しなく候ゆゑ、御出馬なく候、手出しさへあらば急速御出馬にて候はん(5)」と。

これあたかも、清洲の諸将が日和見をきめこんでいるがゆえに出馬しえないのだと言わんばかりの口上であった。井伊・本多の両名は、この口上の内容の無神経さに驚きあきれ、いかなる成行きになることかと手に汗を握って諸将の反応を見守ったが、福島正則はやおら扇を広げて村越を二度、三度とあおぎ、まことに御尤《ごもっとも》の御諚、さればただちに手出しをいたし、戦果のほどを家康公に注進するであろうと言いはなったのであった。

福島・池田の先陣争い

ここに諸将は軍議をもよおして岐阜攻めの戦略を議した。(6) 木曾川の渡河のコースには二道あり、上流は河田であり下流は尾越《おこし》（起）である。前者は清洲から北進して、木曾川の中洲である河田の渡しをとおって対岸の米野の地へ向かうコース。後者は美濃路に沿って尾越から、対岸の竹ヶ鼻に渡り、それから向きを転じて北進するコースである。東軍は福島正則と池田輝政とをそれぞれ先鋒として、二手に分かれて岐阜城に迫ることとした。

だがここで早くも先陣争いがはじまった。もとより上流の河田のコースをとったほうが渡河作戦は容易であり、岐阜城への進撃にとってはるかに有利であった。下流コースをとった場合、川幅の広さから渡河が困難であるばかりでなく、距離的にも大きく迂回《うかい》するかたちとなり、岐阜城攻めでは後れをとるおそれがある。

福島正則は、自分が西軍との対峙の最前線にある清洲城の城主であるゆえをもって、岐阜攻めの正面先鋒たるべきことを主張し、池田輝政は、自分が岳父たる家康から先鋒を命ぜられていること、加えて岐阜城がかつて恒興の時代には池田家の城であった由緒を唱えて、同じく上流の進撃路の先鋒たることを主張した。

そもそもこの両者は小山の陣を後にして上方に向けて出発するときから、先手《さきて》の争いをしていたことから、家康が仲裁して正則・輝政両人をもって、一日交替で全軍の先手をなすよう申しわたした経緯があった由である。(7)

岐阜合戦の先陣問題でも両者相ゆずらず口論におよんだが、井伊、本多の両名が仲裁に入り、正則を諭して、尾張は正則の領地にして舟筏《ふないかだ》などの渡河手段の調達は容易であろうから下流の尾越のコースをとるべきであるとし、輝政に対しては一己《いっこ》の功名を争って東軍全体の戦略を乱すのは家康の婿たる身にあるまじき振る舞いと難じて、正則との協力を説得した。

かくて正則は下流の尾越の渡河に同意したが、この迂路を取る以上は、下流軍の渡河が完了するまでは上流において戦闘をはじめてはならぬこと、下流軍が渡河を終えて烽火《のろし》をあげるのを待って、上流軍は渡河をなすべきことと申し入れ、輝政もこれに同意した。

八月二二日、東軍は清洲城を出て岐阜攻めに向かった。下流の尾越のコースをとったのは福島正則以下、細川忠興、加藤嘉明、黒田長政、藤堂高虎、京極高知、田中吉政、生駒一正、筒井定次、松倉重政、神保相茂《じんぼうすけしげ》、本田俊政、桑山元晴、秋山光匡、そして井伊直政、本多忠勝らの兵およそ三万人余。(8)

上流の河田のコースをとったのは池田輝政以下、浅野幸長、山内一豊、松下重綱、堀尾忠氏、有馬豊氏、池田長吉、一柳直盛、西尾光教《にしおみつのり》、徳永寿昌らの兵およそ一万八千人余である。

さて迎え撃つ岐阜城の西軍について述べるならば、城主の織田秀信とは誰あろう信長の嫡孫にして幼名を三法師といったその人である。あの天正一〇年の清洲会議のおりに三歳であった秀信も、今は二十一歳の青年武将に成長していた。織田家の正嫡として朝廷官位も従三位中納言とすぐれて高く、世に岐阜中納言と称せられていた。

織田家の側にしてみれば、信長が切りひらいた天下を家臣の身分で我が物としてしまった秀吉という見方もできるであろうが、秀信には秀吉に簒奪《さんだつ》されたという意識はなかったようで、むしろ織田家の跡目争いのなかで、自分をその正嫡として守り立ててくれたことに対する恩義を感じていたようにも思われる。

そして秀信にとって大坂城の淀殿は父信忠の従兄弟《いとこ》であり、秀頼は又従兄弟《またいとこ》の関係にあった。そのような血縁的な環境からして淀殿とも、それに連なる石田三成とも親しかったことと思われ、三成からの反家康の挙兵の呼びかけにたいして異議なくこれに応じている(9)。

秀信はいかにも名家の御曹司といったふうで、少しもギラついたところがなく、三成の協力要請についても亡き太閤への恩義から、その遺児秀頼を守り立てて戦ってやろうといった義侠心《ぎきょうしん》だけが純粋ににじみ出てくるような人物であった。

彼の人柄は、これから述べる岐阜合戦における彼の戦いぶり、すなわち数万の大軍を一手に引きうけて臆することなく、しかも勝ち負けを度外視したような正攻法一点ばりの戦いぶりのなかに、よく見てとることができるであろう。

さて岐阜城では東軍の動きに対して兵力の差が歴然としていることから、籠城して大垣方面の西軍からの援軍の到来を待つ案も唱えられたが、城主織田秀信は自然の要害たる木曾川の守りをたのんで城外での迎撃を命じ、みずから三千余の兵をひきいて川手村に本陣を構え、新加納・米野の地の川岸に兵を配し銃隊をならべて東軍の渡河を待った。

二二日午前六時ごろ、東西両軍が対峙していた上流の河田では西軍の側から鉄砲を撃ちかけてきた。東軍先鋒の池田輝政はこれを見て、いまだ下流方面から渡河の烽火はあがってはおらぬが、敵から挑戦をうけた以上はこれを黙過なしえずと唱え、全軍に応戦を指令するとともに渡河進撃を命じた。

池田隊は先手備《さきてぞなえ》たる伊木忠政の軍勢を先頭に押し立てて、敵の銃弾をかいくぐって順次に渡河をはじめ、池田隊につづいて一柳・堀尾・浅野の各隊もまたいっせいに敵陣に向かった。有馬・山内・松下・戸川らの隊は迂回して木曾川を渡り、織田方の軍勢の側面からこれを攻撃した。

戦いは午前八時ごろになってほぼ終わり、織田方の兵は退却して上流の渡河作戦は成功した。織田秀信は前線の敗北を聞くや、兵をまとめて岐阜城に引きあげた。

激怒する福島正則

下流方面に進んだ東軍の福島隊以下は、大小の川船を集め、船橋《ふなはし》をこしらえて同二一日に尾越からの渡河を開始したが、同地右岸には西軍の拠点たる竹ヶ鼻城があり、その城兵は東軍に激しく銃弾を浴びせかけて渡河を阻止した。福島正則は正面からの進撃は無理とみて、同日の夜、その下流の加々井村に迂回して同所からの渡河を敢行した。翌二二日には竹ヶ鼻城にせまり、午後四時ごろにはこれを陥落させた。

福島正則らは明日を期して岐阜に向かうべく、同日はその地に夜営の準備をし、あわせて上流方面軍に対して合図の烽火をあげた。だがこの時すでに池田隊以下は、木曾川の渡河を完了して岐阜に向かって進撃していたのである。

黄昏《たそがれ》どきになって池田輝政の使者が下流方面軍の陣所にきたり、上流方面軍がすでに岐阜城をさして進軍している旨を伝えた。これを聞いた福島正則は烈火のごとく怒り、約を違えて抜け駆けした輝政をまずもって討ち果たすべしと声を荒らげた。

細川忠興、加藤嘉明ら周囲の者は正則をさまざまになだめ、池田らが岐阜攻めの先陣を奪うとあらば、我らは岐阜を放置してただちに石田方の本拠たる大垣城に進撃するにしかずと言い、あるいは夜を徹して急進するならば必ずしも岐阜攻めに遅れるものにもあらずと説いた。結局、岐阜への夜行急進の策をとることとなり、午後八時に全軍は出発して岐阜へと向かった。細川忠興はこのとき、馬上で湯漬けを食しながらのあわただしい移動を余儀なくされたと伝えられている。(10) さだめし他の武将たちも同じ目にあわされたことであろう。

夜通しの行軍でようやく正則たちが岐阜の郊外にたどりついたときには、すでに前をゆく池田隊以下の上流方面軍がその道を塞ぐかたちとなっていた。正則の激昂はいよいよもって

美濃国要図

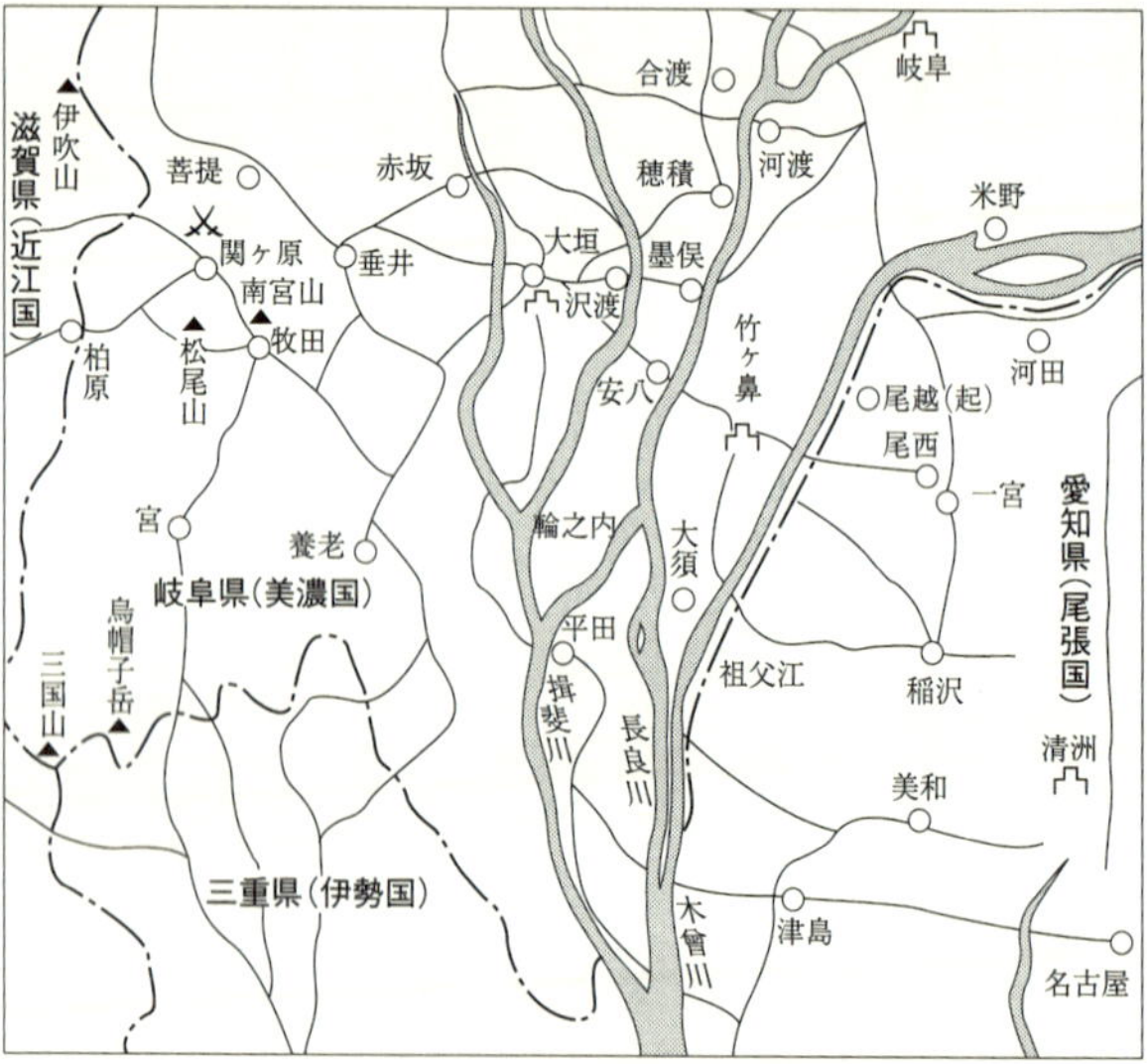
岐阜
合渡
河渡
穂積
赤坂
菩提
伊吹山
滋賀県(近江国)
関ヶ原
垂井
大垣
墨俣
沢渡
南宮山
牧田
柏原
松尾山
米野
河田
竹ヶ鼻
安八
尾越(起)
尾西
一宮
宮
養老
輪之内
大須
愛知県(尾張国)
岐阜県(美濃国)
烏帽子岳
三国山
平田
祖父江
稲沢
揖斐川
長良川
清洲
美和
三重県(伊勢国)
木曽川
津島
名古屋

おさまらず、同士討ちも生じかねない険悪な空気であったが、山内一豊は池田輝政に強く異見して正則に道を譲るべきことを申し入れ、輝政もまたこれに従ったことで、ともかくもその場の確執は未然におさめられたのである。

岐阜城攻め

翌二三日、東軍の岐阜城攻めがはじまった。このとき、敵方正面の追手口《おって》は福島正則以下の下流方面軍に譲られ、池田輝政らの上流方面軍は搦手《からめて》の攻撃にあまんじた。しかして双方、岐阜城本丸の一番乗りをめざして相競った。

織田秀信以下の岐阜城兵はよく戦って東軍の侵入を防ぎ、追手口から攻めこんだ福島隊たちは七曲口《ななまがり》の防衛線における激戦で進撃をはばまれる。しかし搦手方面から進んだ池田隊の将士たちにとって岐阜は故地であり、その地理を知悉《ちしつ》している利点があった。すなわち長良川方面にいったん迂回したのち、同城の水之手口から攻撃し、順次に防衛線を突破して本丸に迫った。そして本丸に火を放ち、城内にその旌旗《せいき》を投げこんで先登《せんとう》第一を称したのである。

福島隊以下の追手口攻撃軍は、七曲口の防衛線を突破してすすみ、二の丸を占領した。そしてここから本丸に対して激しい銃撃戦を展開して城兵の士気を挫《くじ》いた。(11)

こうして東軍諸隊は諸方から本丸に攻め入り、城兵はつぎつぎに討たれ、織田秀信のまわりもすでに三十余人を数えるばかりとなった。秀信は最後までつきしたがった者たち一人ひとりに感状[12]をしたため、その忠節を賞したのちに腹を切るべき覚悟をさだめたが、側にあった老臣木造具正《きづくりともまさ》らはこれを押しとどめて降伏を勧めた。

秀信側からの助命要請に対しては東軍内部でも意見が分かれたが、福島正則と池田輝政はともに、秀信が信長の嫡孫、織田家の嫡統であるゆえをもって助命を強く主張し、正則は、もし家康の怒りをこうむったときには自分が責任をもつことを明言した。[13]結局、秀信は剃髪して加納の寺院に入り、のち高野山に上ることとなった。

さて岐阜城攻めの先陣争いに話をもどすと、その本丸一番乗りが池田隊であることは誰の目にもあきらかであったが、先日来の確執に配慮して、井伊・本多の両名は池田、福島両将の兵をもって岐阜城を守らしめ、これにて両将の前後同時の入城と判定する証しとした。[14]

以上が岐阜合戦の経緯であるが、この戦いはほとんど福島と池田の先陣争いと、それをめぐる確執に終始したようなものであった。武将にとって先陣を担うことは最高の栄誉なのであり、いやしくも味方においてこれを侵すことは決して許されざる背信行為にして、また秩序破壊行為でもあった。まして血気盛んな福島正則に対しては、先陣の侵犯がいかに危険なことであるかが、以上の経緯からして了解されるであろう。それは同士討ちにもいたりかねない危険をはらむ行為であった。

しかして福島正則は今次の戦いのなかでいま一度、先陣を侵されることとなる。それは、ほかならぬ九月一五日の関ヶ原の本戦においてであり、しかも侵犯するのは岐阜合戦における先陣争いの仲裁に腐心した、井伊直政その人である。

その経緯については後に見るところであるが、それが、正則の先陣を侵すことの危険性を直政が熟知したうえでの覚悟の行動であったことは、この岐阜合戦の経緯によって了解されるはずである。直政の行動の意味については、この岐阜合戦の経緯を踏まえることによって、より深い理解を得ることができるのであり、本書において強調されねばならないのは、この点である。

さて岐阜城を攻略した東軍諸隊は向きを西に転じて、石田三成ら西軍主力の集結している大垣城をめざして進軍した。すでに黒田長政、田中吉政、藤堂高虎の三隊は木曾川を渡って竹ヶ鼻城を陥れたのち、岐阜には向かわず長良川の河渡《こうど》（合渡《ごうど》）の渡し場へと進み、ここで岐阜城への援軍のために、大垣城から出撃してきた石田方の兵をこの地に打ち破って長良川の対岸へ出た[15]。

ここで岐阜城を攻略した東軍本隊と合流したのち、それより中山道を西に進んで揖斐川《いびがわ》を越え、八月二四日には赤坂に至ってその高地を占領し、ここを東軍の陣所と定めた。

赤坂の地から大垣城まで、南東に一里余の至近の距離にあった。東軍武将たちはそれぞれ自己の陣場を定め、そして家康のために同地のもっとも眺望よき高台である岡山に要害を構え、これを本陣として設営して家康の到着を待った。

家康出陣

家康は八月六日より江戸城にあって天下の形勢を観望していた。そして同二七日に、東軍豊臣系武将たちによる岐阜城攻略の報が届くや、ここに家康は西上を決意し、九月一日卯ノ刻（午前六時）、金扇の馬標《うまじるし》とともに兵三万人余をひきいて出陣した。(16)

そしてこの旨は中山道を進む秀忠の下にも伝えられ、両軍は美濃国方面で合流して石田方と決戦に及ぶことが予定された。そして前線の豊臣系諸将に対しては、「中納言は先に中山道を押し上るべきの由申し付け候、我等は此口より押し申すべく候、聊示《りょうじ》なき様、御働き専一に候、我等父子を御待ち尤もに候」(17)と、それ以上の戦闘行動を慎重にして、家康父子の到着を待つべきことを指令している。

豊臣系諸将は先述のごとく、岐阜城を攻略したのち軍を中山道の美濃赤坂まで進め、ここに陣所を設けて、西軍石田方の前線基地である大垣城と対峙するかたちで家康父子の到着を待った。ちなみに赤坂は中山道の宿駅にして、東海道―美濃路と交叉《こうさ》する位置にある。

江戸を出立した家康は九月二日藤沢、三日小田原、四日三島、五日清見寺、六日島田、七日中泉、八日白須賀、九日岡崎、一〇日熱田と何らの障害もなく、順調に軍をすすめて同一一日には清洲に到着した。

だが、ここに思わぬ事態が生じていた。中山道を進軍して美濃国あたりで合流する予定であった秀忠の隊が、いまだ木曾路にもかかっていないということが判明したのである。すなわち秀忠軍は上田城の真田攻めに時日をむなしくして、このころ信州小諸《こもろ》をようやく出発したばかりであった。

2　徳川秀忠隊の誤算

秀忠隊はどんな軍勢だったか

徳川秀忠

ここで関ヶ原合戦の政治的意義をめぐって、重要な問題を投げかけることになる秀忠隊の遅参という事態の経緯を詳しく見てみよう。

さきの小山の評定によって、東軍の上方方面への進攻軍は二手に分けられ、東海道を豊臣系諸将と家康ひきいる一軍が進み、中山道を秀忠のひきいる三万八千人余の軍団が進むこととなった。小山の評定ののち秀忠はいったん、結城秀康とともに宇都宮に還陣して、同城の修築および周辺諸城の仕置等を入念に施したのち、八月二四日にいたって宇都宮を出発して、中山道

の西上を開始した。(18)

そして問題はこの中山道進軍の秀忠隊の構成であり、関ヶ原の合戦に投入が予定されていたこの秀忠隊とは、どのような戦力的内容をもっていたかという点である。この中山道を進軍した秀忠隊に配属された主要な徳川武将は表4に示したとおりであるが、これは基本的に七月に江戸を出発した会津征討軍のうち、秀忠のひきいていた軍団がそのまま転戦するかたちになっている。

そしてそれはとりもなおさず、徳川譜代の主要な武将の多くがここに配属されていることを意味している。すなわち万石以上の大身武将が秀忠隊には多く見られるけれども、これは秀忠隊の兵力がたんに数の多さとしてだけではなく、質的・構造的な意味において軍団としての戦力の高さを示している。

「備」が戦力の基本

当時の軍隊は「備《そなえ》」を基本単位とする構成をもっている（一三七ページ図参照）。一つの「備」は旗頭、侍大将を中心として騎馬士、鑓《やり》部隊の徒士《かち》、そして足軽の鉄砲・弓の部隊からなっており、これが戦闘の基本単位をなしている。足軽鉄砲部隊の一斉射撃で敵陣を攪乱《かくらん》し、鑓部隊が突撃し、最後に騎馬部隊が進撃するというかたちで、当時の戦争は展開される。(19)

「備」はまた、総大将の構える旗本備を中心として、これを囲むように先鋒・先手備、中備、脇備、後備・殿備《しんがりぞなえ》といった配置をとり、戦闘はもっぱら先鋒・先手備の攻防でもって展開されるのである。自余の備は先手の後詰《ごづめ》、第二波攻撃あるいは総大将の本陣、旗本備の防御に当たる。旗本備はもっぱら総大将と本陣の守備を目的としており、その機能は本来的に防御であって、けっして攻撃ではない。

　それゆえに、各軍団の戦力はたんに兵数で決まるのではなく、その質的構成が問題となるのであり、先手備を中心とする攻撃型の備がどれだけ厚く、充実しているかにもっぱら関係する。軍団の編成において万石以上の武将の数に注目するのは、彼らこそ独立の備を構成できる能力をもつからであり、その多さ、厚さこそが、当該軍団の戦力を判断できる基準となるのである。

　このような観点からするならば、徳川直属軍のうち秀忠隊と家康隊の兵数自体はともに三万人台で大きな差は見られないものの、その質的な差、軍団の構造的な差においては歴然としている。秀忠隊が直属の旗本備の他に、十人余を数える万石以上の武将たちをひきいて、独立の備を多数構成しうる本格的な軍団であるのに対して、家康隊というのは大身武将の欠如した「旗本の侍共ばかり」からなる寄せ集め的で、防御的な部隊であったと解されるのである。

部　署	人　名	領地・石高	戦後所領・石高	備　　考
先　手	榊原康政	上野館林　10.0	同　　左	
老　臣	大久保忠隣	相模小田原 6.5	同　　左	
	本多正信	上野八幡　1.0	同　　左	
供　奉	酒井家次	下総碓井　3.0	上野高崎　5.0	
	本多忠政	——	——	本多忠勝の嫡子
	本多康重	上野白井　2.0	三河岡崎　5.0	
	牧野康成	上野大胡　2.0	同　　左	
	酒井重忠	武蔵川越　1.0	上野厩橋　3.3	
	酒井忠世	武蔵川越　0.5	上野那波　1.0	酒井重忠嫡子
	酒井忠利	武蔵川越　0.3	駿河田中　1.0	酒井重忠弟
	高力忠房	武蔵岩槻　2.0	同　　左	
	土岐定義	下総守屋　1.0	同　　左	
	小笠原信之	武蔵本庄　1.0	同　　左	信濃妻児城で戦闘
	諏訪頼水	上野総社河 1.2	信濃諏訪　2.3	上野高崎城守衛
	安部信盛	武蔵榛沢　0.5	同　　左	慶安1摂津国内 1.9
	戸田一西	武蔵鯨井　0.5	近江大津　3.0	
	高木正次	相模海老名 0.5	同　　左　0.7	
	青山忠成	相模高座　0.5	同　　左　1.5	子幸成・忠俊も同道
	内藤清成	相模当麻　0.5	安房勝山　2.0	
	土屋忠直	相模禰宜内 0.3	上総久留里 2.0	
御使番	土井利勝	上総鼠穴　0.1	下総小見川 1.0	
後　備	奥平家昌	——	下野宇都宮10.0	奥平信昌嫡子
	菅沼忠政	上野吉井　2.0	美濃加納　10.0	奥平信昌三男

表4　中山道の徳川秀忠軍の徳川武将（単位　石高＝万石）

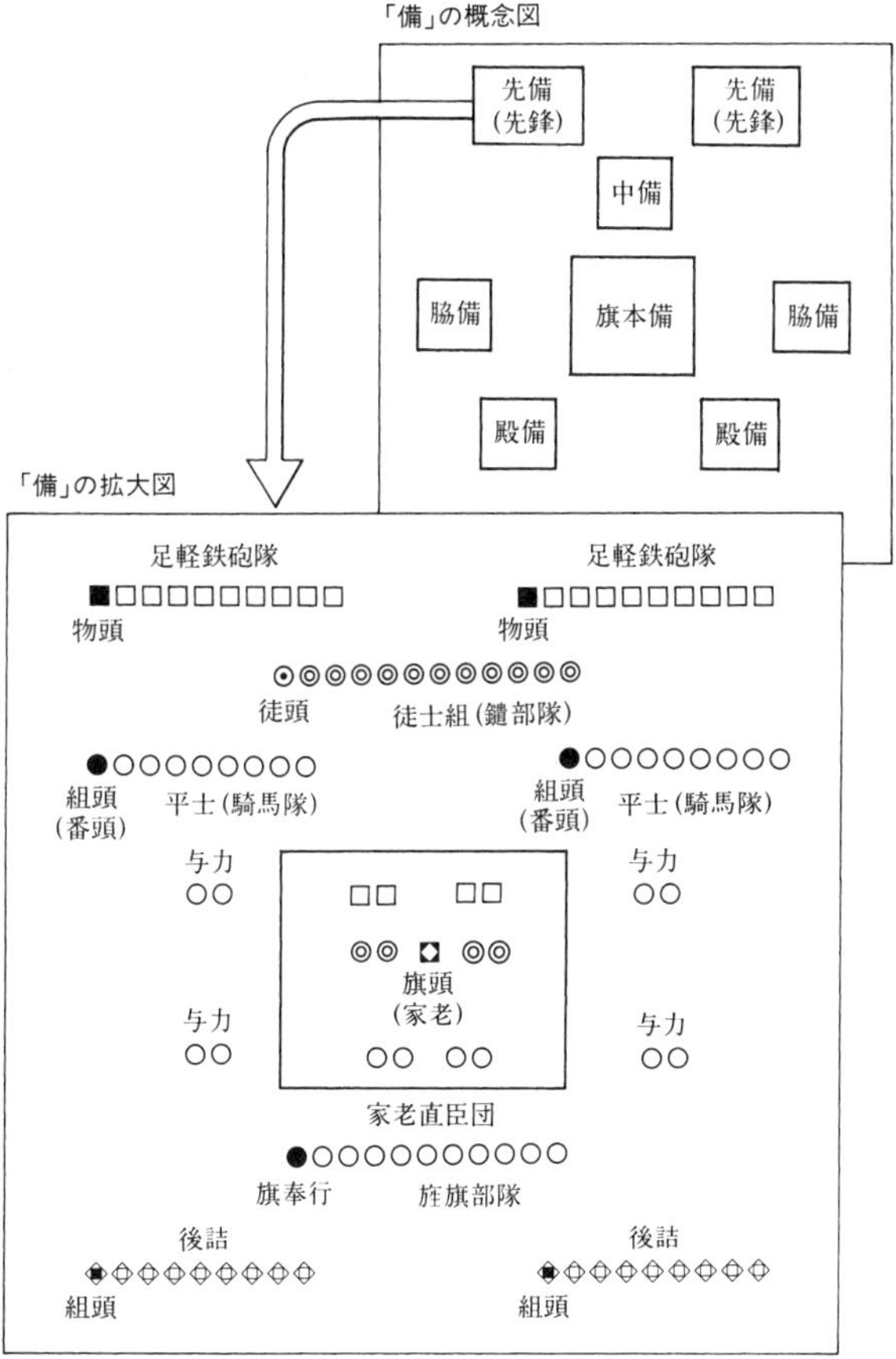
「備」の概念図
先備
(先鋒)
先備
(先鋒)
中備
脇備
旗本備
脇備
殿備
殿備
「備」の拡大図
足軽鉄砲隊
物頭
足軽鉄砲隊
物頭
徒頭
徒士組(鑓部隊)
組頭
(番頭)
平士(騎馬隊)
組頭
(番頭)
平士(騎馬隊)
与力
与力
旗頭
(家老)
与力
与力
家老直臣団
旗奉行
旌旗部隊
後詰
組頭
後詰
組頭

運命の川留め

さて秀忠隊の展開について見てみよう。秀忠隊の本来の任務は中山道を上って、上田城の真田氏をはじめとする信州方面の西軍勢力を平定することにあった。家康は当初、この戦いに長期戦でのぞむ覚悟でいたようで、先述のごとく小山の陣から江戸城に帰還ののちも一月以上にわたってまったく動く気配を見せていなかった。それゆえに秀忠隊もまた、信州方面を長期に転戦して敵勢力を順次に平定し、しかるのちに上方に進軍していく予定であったのであろう。

すなわち秀忠から黒田長政あてに出された八月二八日付の書状には、「信州真田表仕置申付べきため、去廿四日彼地《かのち》（宇都宮）を罷立《まかりたち》、今廿八日、上州松井田に到り着陣せしめ候、近日彼地へ押詰め、手置等申付け、隙明次第上洛を遂ぐべき覚悟に候」[20]とあり、真田の上田城へ向かってこれを制圧することは当初からの基本目的であった。

しかしながら秀忠がこの書状をしたためているころ、江戸の家康は岐阜城攻略の勝報を得て、自身の出馬と西上決戦の決意を固めていた。そして江戸出陣を九月一日と定めるとともに、この旨を中山道の秀忠に伝達し、秀忠もまたすみやかに西上すべきことを指示するために、大久保助左衛門忠益を使者として信濃国に派遣した[21]。

だがこの使者は秀忠のもとに、予定どおりには到らなかった。この時期の長雨による増水で、川留めを重ねたがゆえであった。この使者が秀忠に家康出馬の報を伝えたのは、じつに九月九日、秀忠隊が真田昌幸の立て籠る上田城の攻略に失敗し、退いて小諸に滞陣していたときのことであったとされている[22]。

真田昌幸の術中におちいる

真田昌幸（上田市立博物館蔵）

これよりさき、八月二四日に宇都宮を出発した秀忠は、榊原康政を先鋒として兵三万八千の大軍をひきいて中山道を信濃に向かった。同二八日に松井田、九月一日に軽井沢、ついで翌二日に小諸に到着した。そして、ここから上田城の真田昌幸のもとに使いを遣わして、すみやかに東軍に属すべきことを勧告した。

上田城主真田昌幸は先述のように家康の会津討伐に従軍するつもりで、七月に子の幸村とともに兵をひきいて出陣し、宇都宮城の秀忠隊に属する予定で進んでいた。しかし同月二一日に下野国犬伏の地において、三成から書をもって挙兵のしらせが入るにおよんで、昌幸は長子で沼田城主であった信幸をも交えて向背を協議した。そしてその結果、昌幸、幸村の父子は大坂方につき、本多忠勝の女婿でもあった信幸は家康方につくこととしたのである。

さて秀忠側から返答をもとめられた昌幸は、諸将士と協議のうえ追って確答する旨を伝え、時日を引きのばしつつ城砦《じょうさい》を修補し守備を増強した。秀忠および榊原康政はただちに上田城の攻撃に取りかかるべきことを主張したが、老臣の本多正信が自重論を述べたために、小諸にさらに二日をむなしく過ごした。(23)

同四日にふたたび秀忠より昌幸に使いをなしたところ、昌幸は挑発的な傲慢《ごうまん》の回答をなし、城外の人家を焼いて開戦の姿勢をあらわにした。ここに秀忠は同五日、小諸をたって染屋の高地にいたり上田城を眼下に見すえて陣した。これより秀忠隊は真田方の出先の城砦を攻撃し、これを順次攻略していったが、真田側は上田城が孤立のかたちとなりながらも容易には屈服しなかった。

同六日、秀忠は麾下《きか》の兵士に命じて上田城外の田地の稲を刈り取らせる刈田を行わせた。刈田は敵の兵粮源を絶つことを目的とする、戦争行為の一つである。このときたまたま真田昌幸は子幸村ともども城の外郭を巡視していたところ、この刈田を行っていた秀忠隊の兵士と遭遇してこぜりあいとなり、小人数の昌幸父子は急ぎ城内に走りこんで城外に鉄砲を発射した。

これに挑発されるかたちで翌七日には、秀忠隊の将士の牧野康成、本多忠政、奥平家昌、菅沼忠政およびその部隊の兵がいっせいに上田城の攻撃にかかった。そして真田方の兵もたびたび出撃して、城の周囲で華々しい戦闘がくりひろげられた。

しかし真田昌幸の応戦は巧妙をきわめ、徳川の大軍を押し返して翻弄《ほんろう》し、容易に寄せつけなかった。この開戦を知った秀忠老臣の本多正信は、命令なくして攻撃にかかったことを怒り、攻撃を中止させて撤兵せしめた。

同九日、秀忠は兵を小諸まで撤退させ、命令なくして上田攻めを行った者に対する軍法違反の処分を行っていた。牧野康成および麾下の太田吉政・鎮目《しずめ》惟明《これあき》らがその責任を問われて、上野国吾妻《あがつま》に幽閉された。(24)

いまだ信濃にあり

家康の派遣した使者の大久保忠益が到着したのは、このような軍法違反の吟味が行われているさなかのことであったとされている。家康の九月一日の出陣を知った秀忠は、ただちに西上を全軍に命じ、上田城に対しては森忠政・仙石秀久・石川康長・諏訪頼水ら信州諸大名の兵をその備えにあてて、翌一〇日に小諸をあとにして中山道を西に急いだ。

同一三日には和田峠を越えて下諏訪にいたり、塩尻よりは木曾路に入ることとなるが、そのあいつぐ難所が秀忠隊のゆくてを阻《はば》んでいた。そしてこの頃には、美濃国赤坂陣に集結している東軍武将から秀忠のもとにも、石田方との決戦近しの情報がもたらされていた。

すなわち同一四日付で秀忠が藤堂高虎にあてた返書には、次のように記されていた。

> 其表の様子、上方の趣、その外所々御念を入れられ、委細仰《おおせ》を蒙り候、（中略）われら事、随分いそぎ候ても路次中節所故、遅々油断するに相似、迷惑せしめ候、心中に任せざる段、御察しあるべく候、さりながら夜中を限らず罷り上り候間、近々上着せしむべく候。[25]

すなわち赤坂、上方の情勢については秀忠のもとにも詳しく報ぜられていた。だがこのとき、秀忠はいまだ信濃筑摩郡の本山の地のあたりを進行している最中であった。

右文面にもあるように、すでに秀忠は状況を把握し、昼夜兼行の強行軍で西上に懸命であったが、峻険《しゅんけん》にして狭隘《きょうあい》な中山道・木曾路に三万以上の大軍を移動させるという業は、想像を超える困苦を伴っていた（すでに十五歳以下の若輩者の従軍は禁止されていた）。

そして、秀忠が信州本山の地から藤堂高虎に返書をしたためていた九月一四日とは、すなわち関ヶ原合戦の前日にほかならなかったのである。

苦慮する家康

家康が秀忠隊の遅参を知ったのは、前述のように九月一一日に清洲城に到着する前後の頃のことであった。[26]同日の夜、藤堂高虎が赤坂からきたって家康に謁し、密議数刻におよんだのち、夜半に帰った。家康はまた井伊直政と本多忠勝の両名をも呼び寄せ、作戦を協議した。そこでは中山道を西上している秀忠隊を待って決戦に臨むべきや否やが最大の問題となっていた。そして忠勝は中山道の軍を待つべしと唱え、直政は即時決戦を主張した[27]。

これは双方ともに理のある論であった。すなわち中山道を進む秀忠隊は徳川の主力軍であって、これを欠いては東軍の軍事構成において豊臣系武将の比重が高まりすぎてしまうという危惧があった。現在の徳川の勢力では、先陣を務められる兵力としては井伊直政・松平忠吉のひきいる六千人余しかないからである。本多忠勝とて、本多家の主勢力はその嫡子忠政がひきいて秀忠に供奉して中山道を進んでいるさなかであった。

しかしまた即時決戦の必要もあった。すなわち決戦の機はすでに熟しており、時を移しては豊臣系諸将の戦意が失われること、さらには大坂城より毛利輝元が豊臣秀頼をいただいて出馬してくるような事態ともなれば、諸将の向背はまったく予断を許さなくなることが充分に警戒されたからである。

家康は苦慮したであろう、風邪と称して清洲に今一日滞在したのは、秀忠のための時間稼ぎであったろうとされている[28]。

3　赤坂と大垣——東西両軍の対峙

ひるがえる葵章

九月一三日、家康は清洲をたって岐阜にいたった。同夜、家康は馬標、旗、銃隊をひそかに隠して先発させ、赤坂の陣に向かわせた。けだし家康の所在を伏せて敵の急襲を防止する意味と、後述するように、赤坂の陣所への到着に際しての劇的効果をねらったものであろう。

一四日早朝に岐阜をたち、長良川には鵜船数十艘を集めて船橋を架けてこれを渡り、間道をぬけて池尻村にいたり、ここで豊臣系武将たちの出迎えをうけたのち、正午に赤坂に入った。家康は麾下の兵とともに岡山の陣所に入り、石田方の大垣城に向けていっせいに金扇馬標と旌旗二十旒《りゅう》余を掲げた。旌旗は葵章旗七旒と、源氏の正統を誇示する白旗二十旒とであった。

はたして家康のとった隠密作戦と岡山陣所における突然の旌旗掲揚の劇的効果は、大垣城内に衝撃を走らせた。家康軍の急激な出現に城内将士は動揺し、あるいはこれは別の武将であろうとも言い、あるいは大軍の到来を見せかける戦略上の偽装工作ではないかと叫ぶなど、諸説が入りみだれて浮き足だった。

杭瀬川の戦い

三成の武将島左近勝猛《しまさこんかつたけ》は三成に進言し、いまあえて一戦をこころみて勢力を示さなければ諸隊の動揺を鎮めることは困難であるとして、敵を誘撃すべく島左近みずから威力偵察にのぞんだ。ここに関ヶ原の合戦の緒戦である杭瀬川《くいせがわ》の戦いがはじまった。

大垣と赤坂の間に杭瀬川があったが、島左近らは兵五百余をひきいて川をわたり、敵陣で稲を刈り取る刈田をおこなって敵を挑発した。目前で刈田の狼藉《ろうぜき》をなされた東軍中村一栄《なかむらかずひで》の部隊では、その隊長野一色頼母《のいっしきたのも》・藪内匠《やぶたくみ》らが出撃して西軍と戦った。島左近はしばらくこれと戦ったのち、わざと敗れて退いた。中村隊の兵は勝ちに乗じて川をこえて追撃したが、西軍の伏兵がたちまち起こって背後を突き、野一色らは包囲されて三十余人の知名の士が討たれた。

このとき中村隊の苦戦を見て、有馬隊から援軍が出されて島左近の部隊と合戦におよび、また宇喜多隊からも増援が繰りだされて中村隊を攻撃するなど、しばらく乱戦がつづいたが、家康が東軍側に撤兵を命じ、日もまた暮れたため西軍側もあえて追撃はとどめた。杭瀬川の戦いは、まずは西軍の勝利に終わった。

籠城か野戦か

東軍は家康を中心に軍議をひらいて当面の作戦を協議した。その結果、目前の大垣城に対して攻城戦で臨むのは、いたずらに時間を要して得策ではないこと、むしろこれを措《お》いて一気に西に進み、三成の居城たる佐和山を抜き、さらに大坂へ進撃して毛利輝元と決戦に及ぶべしとする意見が大勢をなした。これはまたこの進軍を阻止すべく三成方が大垣城を出て、野戦に転じるのを誘引する目的をもった陰陽両面の作戦でもあった(29)。

由来、攻城の秀吉、野戦の家康と称せられて、家康は長期持久の城攻めを得手としていない。秀吉は三木城、高松城、小田原城の包囲戦といった数々の伝説を残した城攻めの名人であったが、どちらかといえば短気な家康は気長に構える城攻めよりも、一気に雌雄を決する平原での会戦のほうを得意としていた。大垣城の石田方を平地に誘い出して野戦にもちこむことは、家康にとって最上の戦略であった。

石田方とて家康が野戦の上手《じょうず》ということは承知のうえのことであるから、大垣城に引き寄せてこれを迎え撃ち、大坂から毛利輝元の出馬してくるのを待つのが上策であった。さらにはその輝元が幼君豊臣秀頼をいただいて進軍してくるのが最上の策であったはずである。秀頼の出征となれば東軍の動揺は必至であり、福島正則・浅野幸長をはじめ秀吉恩顧の武将が家康方から離脱してしまうのは火を見るよりあきらかなことであった。

家康がもっともおそれたのはこのような事態であり、秀忠隊の到着を待たずに決戦を急いだのは右の事情があったがゆえのことである。

だが結果的には、毛利輝元の出陣は予定されながら、まぎわになって突如として見送られた[30]。その理由はさだかではないが、輝元が大坂城を後にしたのちに増田長盛が裏切って同城を占拠するという噂が流れたがゆえともされている。あるいは家康方からの調略であろうか。また吉川広家が、この戦いに参戦しなければ毛利の身代は安堵されるという、家康方の意向を伝えたがゆえのためらいであったか。いずれにしても西軍にとっての最上の戦略の機会は失われた。

大垣城を出る

輝元の来援が期待できない以上、三成は自力で家康を打倒せねばならなかった。野戦が不利であることはもとより承知のうえであったが、今は自勢力の兵数の多さをたのんで戦いに臨むほかはなかった。

そして野戦は、東軍の進撃の背後を突く追尾戦ではなく、関ヶ原の地に陣を構えて正面から迎撃する正攻法が決定された。

九月一四日午後七時すぎ、大垣城内の三成以下の軍勢は松明《たいまつ》を点ぜず、馬舌を縛って音を消し、兵の列を整え城を出て関ヶ原に向かった。一行は垂井《たるい》の宿《しゅく》へ向かってではなく、大垣城から南へ迂回して野口村を過ぎ、南宮山に布陣する西軍陣所の灯りを目標にして行進し、

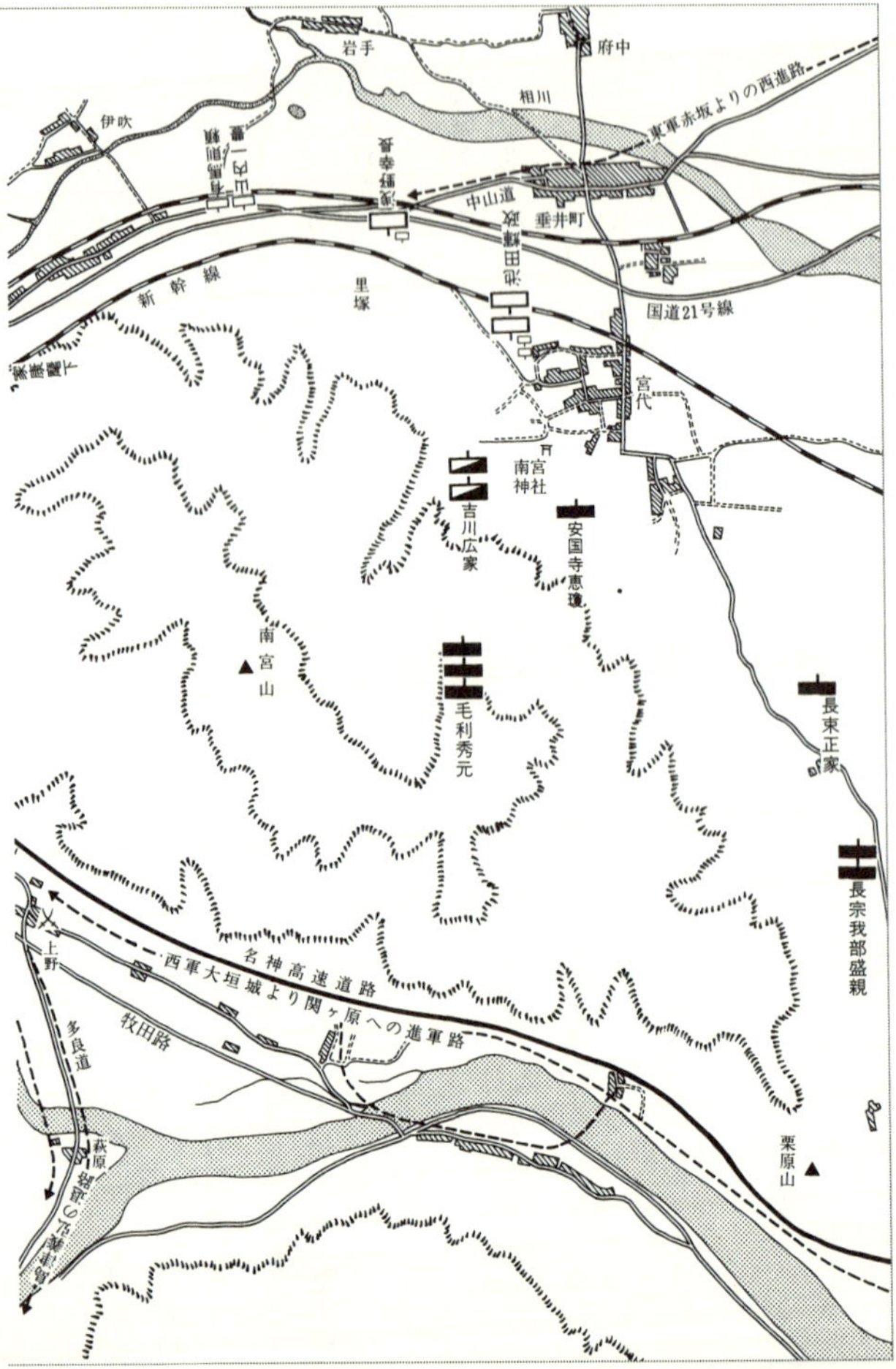
岩手
府中
相川
東軍赤坂よりの西進路
伊吹
有馬則頼
山内一豊
浅野幸長
中山道
垂井町
池田輝政
新幹線
里塚
国道21号線
家康麾下
宮代
南宮神社
吉川広家
安国寺恵瓊
南宮山
毛利秀元
長束正家
長宗我部盛親
上野
名神高速道路
西軍大垣城より関ヶ原への進軍路
多良道
牧田路
萩原
島津の退路
栗原山

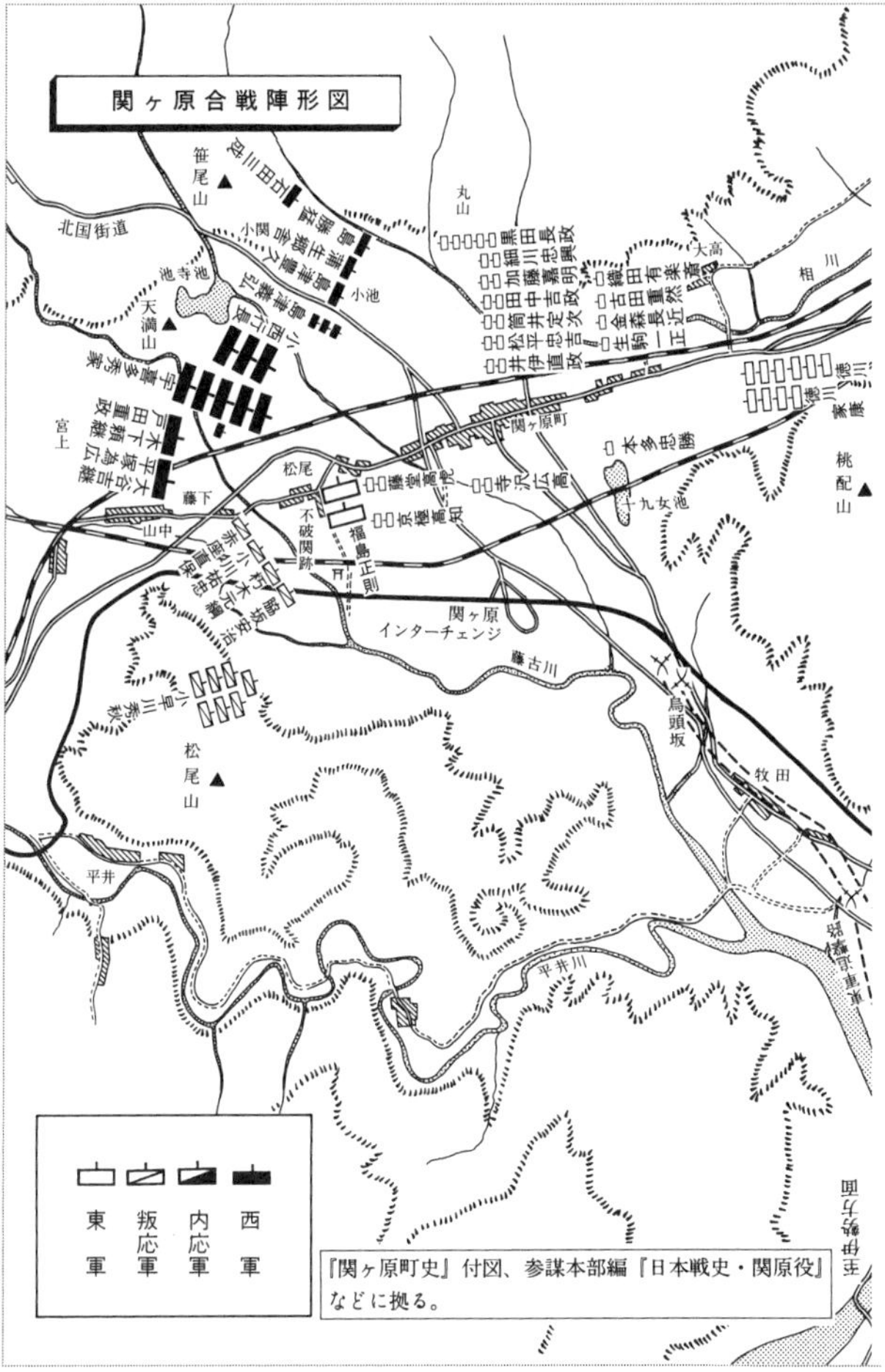

『関ヶ原町史』付図、参謀本部編『日本戦史・関原役』などに拠る。

牧田路を北上して順次に関ヶ原へ出た(31)。

行進の順序は第一石田、第二島津、第三小西、第四宇喜多の諸隊であった。第一隊が大垣を発するころより雨がはなはだしくなり、道路の泥濘《ぬかるみ》には苦しめられたが、行進の秘匿のためには好都合となったとも言えよう。

深更におよんで、西尾《にしお》光教《みつのり》の守る曾根砦より報告が家康のもとにもたらされ、敵兵はすでに大垣城を出て野口より牧田路に向かっている旨が伝えられた。さらに、明日の行軍の先鋒を命ぜられている福島正則よりも同様の報告があり、あわせて進撃の下命を要請してきた。家康はすでに床についていたが、この報を受けるやただちに立ちあがり、全軍に出動を命じた。

4　関ヶ原の合戦

天下草創の地

関ヶ原は美濃国不破《ふわ》郡にあって中山道の一駅をなす。東西街道の要衝にして、東へは尾張、木曾路へと向かい、南へは牧田路を通って伊勢にいたり、北へは北国街道がのびて越前におよび、そして西は近江を経て京都に入る道筋をなしている。かく四通八達の要地であるがゆえに、古代の律令時代から関門が設けられており、いわゆる天下三関の一つ不破の関として知られている。

しかもこの地は小高い山々に囲まれた広大な盆地が広がるところから、古よりこの地を舞台として、そしてこの地の掌握をめざして戦いがおこなわれてきた。壬申《じんしん》の乱の主要合戦場となったのがこの地であり、大海人皇子《おおあまのみこ》（天武天皇）は近江朝廷軍をこの不破の関の戦いに討って勝利をおさめ、天武朝を開いたのである。関ヶ原はおのずから天下草創の地としての意義を担っていた。

西軍の布陣

大垣城を出た西軍は、九月一五日の午前一時に石田三成の隊が関ヶ原に到着し、同部隊はこの地の北方の笹尾山に陣所を定めた。ついで織田信高《おだのぶたか》、伊藤盛正《いとうもりまさ》、岸田忠氏《きしだただうじ》および豊臣秀頼麾下の黄母衣衆《きほろしゅう》がその右に備え、島勝猛（左近）・蒲生郷舎《がもうさといえ》の両将が三成隊の前隊となって本隊の東南に備え、二重の柵を構えて弓・鉄砲隊を配した。

島津義弘隊は午前四時に到着し、三成隊から一町半ほど南の小池村を選んで陣地とした。島津豊久はその前方に備えた。石田と島津の両隊で北国街道を扼《やく》するかたちをとった。

小西行長隊は島津隊につづいて到着し、島津隊の右に接して寺谷川に面し、天満山北方の岡を控えて位置した。

宇喜多秀家の隊は最後に到着し、天満山の前を陣所とさだめ、その兵を前隊本隊の二つに分かって東南の方角に配備した。川尻秀長らの小部隊はこれに属して備え、全体として中山道に対して北側より臨むかたちをとった。

北陸から戻ってきた大谷吉継の隊は、大垣城とはべつにそれまで山中村の高地に滞陣していたが、大垣城の軍勢が関ヶ原に進出してきて東軍を迎撃する作戦がさだまるや、大谷隊も兵を進めて藤古川を前にして陣を構えた。その左には戸田重政の隊があり、大谷隊の右翼には中山道を挟んで、大谷にしたがって北陸平定に参加してきた脇坂安治・朽木元綱・小《お》川《がわ》祐《すけ》忠《ただ》・赤座《あかざ》直保《なおやす》の四将がつらなった。

その南の松尾山の山城趾には小早川秀秋の隊が八千の大軍をひきいて蟠踞《ばんきょ》していた。そこから東にまわって南宮山には毛利秀元、その東南端の栗原山に長宗我部盛親、岡ヶ鼻に長束正家・安国寺恵瓊の諸隊があった。

以上、西軍の布陣は北国街道沿いの笹尾山から南にのびて天満山にいたり、中山道をはさんで松尾山に連らなり、さらに東にまわって南宮山および栗原山へと展開する雄大な包囲陣形（いわゆる鶴翼《かくよく》の陣）をなしており、その兵数は約八万人にのぼった。

東軍も戦闘態勢に

東軍は深夜の三時ごろより順次行進を開始し、中山道を西に進んだ[32]。夜明け方に先頭の福島正則の部隊は関ヶ原に至ったが、前夜来の雨がいまだあがらず、あたり一面は大霧が立ちこめて視界がまったく遮《さえぎ》られる状態であった。

ときに前線に派遣の斥候からの連絡で、関ヶ原の西側一帯に敵軍が展開して、味方の軍勢を要撃する構えであることを伝えてきた。ここに東軍は行進を停止し、それぞれ戦闘態勢についた。家康は前方からの報告をうけるや、使番《つかいばん》をして前線の状況を偵察させたうえで馬をとどめ、同地の桃配山《ももくばりやま》をみずからの本陣とさだめた。

東軍の布陣は中山道の南から順に、先鋒一番備の福島正則、藤堂高虎、京極高知、蜂須賀至鎮、中山道の北に徳川勢の松平忠吉、井伊直政の二隊、北の山手に田中吉政、生駒一正、加藤嘉明、堀田一継、細川忠興、金森長近、黒田長政、竹中重門《たけなかしげかど》、筒井定次と並び、これらがそれぞれ先鋒の備を構成した。

これに中小の将士が寄合勢として加わる。織田長益（有楽斎《うらくさい》）、津田《つだ》高勝《たかかつ》、佐々《さっさ》行政《ゆきまさ》、亀《かめ》井《い》茲矩《これのり》、古田《ふるた》重然《しげなり》（織部正）、加藤《かとう》光直《みつなお》、猪子《いのこ》一時《かずとき》、戸川《とがわ》逵安《みちやす》、浮田直盛（坂崎出羽守）、兼《かね》松正吉《まつまさよし》、落合重清（新八郎）、柘植《つげ》正俊《まさとし》、船越景直らである。[33] これらは適宜組み合わされて、それぞれ備が構成された。

これらの後方に桃配山に本陣を構える家康の本隊三万人余がひかえる。そしてさらにその後方に目をやると、垂井宿の付近に池田輝政、浅野幸長、山内一豊、有馬則頼の諸隊が配されており、これらは南宮山方面の毛利、長宗我部の部隊に対して備えている。

ここで注意されなければならないのは東軍の編成についてである。すなわち東軍の部隊配置が、基本的に岐阜合戦におけるその流れをそのままに引き継いでいるという事実に留意される必要がある。

この点はこれまでの研究で看過されているところであり、関ヶ原の合戦における部隊配置をもって家康の戦略や策略の観点から論評するような向きもあったが、それは事実に反している。これは岐阜合戦に際して構築された軍団編成が、家康によってそのまま尊重されて、この関ヶ原の合戦にも導入されているということなのである。

福島正則を先鋒第一番としてこれにつづく諸将を石田方の正面にあて、池田輝政以下の諸将を内応の約がととのっているとされる毛利勢に振りむけるということも、まさしく岐阜城攻撃の際の追手《おつて》、搦手《からめて》の別に対応していることが諒解されるであろう。

福島正則と池田輝政を二手の先鋒として諸将を適宜に配備するという、豊臣系武将たちのイニシアティブをもってなされた軍団編成を尊重するということは、家康はこの豊臣系武将たちの本合戦におけるイニシアティブそのものを尊重しているということにもなるであろう。もとよりこの編成には徳川武将である井伊直政、本多忠勝の両名が関与していたであろうことは、当然にも認識しておかねばならないことではあるが。

家康の主戦力はわずか六千

さて次に問題となるのは桃配山に本陣を置く家康の本隊の構成についてである。

部　署	人　名	領地・石高	戦後所領・石高	備　　考
先　手	松平忠吉	武蔵忍 10.0	尾張清洲 52.0	
	井伊直政	上野箕輪 12.0	近江彦根 18.0	
軍　監	本多忠勝	上総大多喜10.0	伊勢桑名 10.0	本多隊主力は中山道
大番頭	松平重勝	不　明	不　明	慶長17越後三条 2.0
	水野重央	武　蔵 0.7	同　左	慶長13常陸久慈 1.0
	水野分長	——	尾張小河 0.9	慶長11三河新城 1.0
百人組頭	成瀬正成	下総栗原 0.4	甲斐国内 2.0	
鉄砲頭	安藤直次	武蔵穴師 0.1	同　左	慶長12遠江国内 1.3
持筒頭	渡辺守綱	武蔵松山 0.3	同　左 0.4	慶長15尾張国内 1.4
御馬前	本多正純	——	——	のち下野小山 3.2
	西郷忠員	下総生実 0.2	同　左 0.5	元和6に1.0に加増
	牧野信成	武蔵石戸 0.5	同　左	寛永10に1.1に加増
旗本備	永井直勝	上総市原 0.5	同　左 0.7	元和3常陸笠間 3.2
	阿部正次	武蔵鳩谷 0.5	同　左 1.0	書院番頭
	松平(奥平)忠明	上野小幡 0.7	三河作手 1.7	
	本多康俊	下総小篠 0.5	三河西尾 2.0	一説に本隊の後陣
	西尾吉次	武蔵原市 0.5	同　左 1.2	
	本多正重	——	近江坂田 0.1	元和2下総相馬 1.0
後　備	奥平信昌	上野小幡 3.0	美濃加納 10.0	
	松平(大須賀)忠政	上総久留里 3.0	遠江横須賀 6.0	家臣は館林城守備
	本多成重	下総井野 0.3	同　左 0.5	慶長18越前丸岡 4.0
	戸田尊次	伊豆下田 0.5	三河田原 1.0	嫡子重能も同道
南宮山押え	本多忠朝	(ナ　シ)	上総大多喜 5.0	本多忠勝二男
大垣城寄手	水野勝成	三河刈谷 3.0	同　左	曾根の要害守備
	松平(戸田)康長	武蔵深谷 1.0	上野白井 2.0	同　上

表5　関ヶ原合戦における徳川将士（単位　石高＝万石）

表5は家康に従軍した徳川将士の主要な者（万石以上の者と、その身一代の間に万石以上となった者）を表示しているが、この表から知られるとおり、この関ヶ原にいた徳川武将で万石以上の者というのは、先鋒の松平忠吉、井伊直政、本多忠勝の他は、後備の奥平信昌、松平（大須賀）忠政の五名を数えるくらいであった。

そしてさらに注意すべきは本多忠勝の場合であって、彼は上総大多喜一〇万石を領有する大身武将であり、その兵力は約三千人と見込まれる。しかし、彼は東海道の西上に際しては豊臣系諸将の軍監としての任務をあたえられていたために、自らは小姓・雑兵《ぞうひょう》の類「四百に足らざる人数」という小勢を引き連れての行軍となっている。すなわち、「よき者共ハ美濃守［本多忠政］、秀忠公の御供に参候」[34]とあって、本多家の軍団の主要部分は忠勝の嫡子忠政がひきいて、秀忠配下として中山道を進んでいた。つまり本多隊もその主力は中山道組であった（これに対して、本多忠勝より数日遅れて東海道を西上した井伊直政は、東海道方面の徳川軍先鋒の資格であったから本来の軍勢をひきいている）。

松平（大須賀）忠政も本来は館林城（忠政の実父榊原康政の居城）の留守を命じられ、のち家臣に同城を守らせて忠政自身は会津方面の軍監の役務を帯びていたのであるが、結局おして家康に従軍して東海道を西上したということである[35]。このような経緯からして松平忠政が引きつれている供の人数も充分ではないと思われる。つまり実質的には、家康随従の万石以上武将の数はさらに少ないということになろう。

家康の言に「我ら家中の人持分の内、少も大身なる者共をハ、大形《おおかた》秀忠に附て木曾路へ差越し、我ら事ハ旗本の侍共ばかりを召連[36]」とあるのを裏づけている。だから家康率いる徳川隊の兵数が三万余におよぶと言っても、戦力としては寄せ集めの性格が濃厚であり、攻撃戦力を欠いた消極的な部隊でしかないのである。

関ヶ原合戦の一進一退を繰りかえす戦況の中で、小早川秀秋の反忠《かえりちゅう》行動を待ちかねて家康が苛立っていたという事実について、なぜ小早川をたのまずに自己の三万の兵力を割いて前線に投入しなかったのかに疑問が投げかけられるのであるが、それは以上に見てきたところから首肯しうるのであって、家康本隊の兵力は防御的な意義以上に出ることはできない性格のものであったからである。

関ヶ原合戦における東軍の前線部隊は三万人強と言われたが、うち徳川の主な兵力は井伊直政と松平忠吉の軍勢あわせて六千人余でしかなかった。残りはそのほとんどが豊臣系の将士であったと言ってよいであろう。

松平忠吉の謎

ここで徳川系武将として、井伊直政とならんで東軍先鋒の一隊を受けもった松平忠吉について述べておかねばならないであろう。この忠吉という人は、さまざまな意味において不思議な人物と言わねばならない。

松平忠吉。天正八（一五八〇）年に家康の第四男として生まれ、幼名を甚太《じんた》郎《ろう》、あるいは福松という。[37] 母は西郷局《さいごうのつぼね》（宝台院）であるから、秀忠と同腹ということになる。松平家忠の養子となって十八松平のひとつ東条松平家を嗣《つ》ぎ、文禄元（一五九二）年に叙爵《じょしゃく》して、下《しも》野守《つけのかみ》と名乗り、武蔵忍《おし》城に一〇万石で封ぜられた。

そしてこれから述べるように、関ヶ原の合戦に二十一歳で初陣《ういじん》として臨み、先鋒の一翼を担うという栄誉を帯びた。また本合戦において大いに戦功をたて、戦後は尾張国清洲城五二万石余に封ぜられ、慶長一〇（一六〇五）年には官位も従三位近衛中将に昇進して名乗りを薩摩守《さつまのかみ》とあらためた。忠吉は通例、この薩摩守殿の名で呼ばれることが多い。

しかし同一二年三月、尾張への帰国の途中に江戸芝浦において二十八歳の若さで没した。後嗣なくして家は断絶し、尾張国はそののち家康の九男義直に与えられて、尾張徳川家が成立することとなる。

このように松平忠吉という人物は、あたかも蜻蛉《かげろう》の一生のごとく、徳川将軍家の勃興期に早く生まれて早く死に、生涯にただ一度だけ、関ヶ原の合戦という名舞台に登場して華々しく活躍し、そしてそれが終わるや人知れずこの世を去っていった人である。歴史の波間に一度だけ顔をのぞかせて消え去っていくのであり、まずもって研究者の注意を引きつけるような人物ではない。

だが関ヶ原の合戦の研究において松平忠吉の存在は重要である。彼が九月一五日の合戦当日に東軍の先鋒の一郭を占めているのはなにゆえであるのか、彼はそもそもいつ、どのようにしてこの地に至ったのであるか、これらの疑問は、じつはこの関ヶ原合戦の本質に深くかかわる問題なのである。以下この点について検討してみよう。

まず忠吉が井伊直政とならんで、徳川武将として関ヶ原の先鋒をつとめている点については、これは忠吉が直政の長女を妻として迎えていることによるもので、この二人は聟《むこ》—舅《しゅうと》の関係にあるわけである。つまりはこのような義理の父子関係にある二人の武将だけが、関ヶ原における徳川の先鋒武将だということがまず問題となる。

次にここまで名の出てこなかった忠吉は、いつ、どのようにしてこの美濃の地にやってきたのであろうか。そしてまた、本多忠勝や松平（大須賀）忠政のケースとの関係で、松平忠吉はその分限高一〇万石にふさわしい軍役人数（三千人）を引きつれているのかどうかが問題となる。

これは彼が井伊直政の聟であるだけに、もし個人的に直政に擁されて行動していたとなると、忠吉所属の手勢をこの地に連れてきていないというような事態も充分に考えられるからである。これは関ヶ原における徳川系先鋒の総兵数を計算するうえで重要な問題となる。

そこで忠吉はいつ、どのような行動をとってこの関ヶ原の地に到達しているのかということが、枢要《すうよう》の問題となることが了解されるであろう。そして、じつはこれが難問なのである。今回の関ヶ原合戦の研究のなかで、私の頭を悩ましたのがこの問題であった。

新井白石の推理

ところが調べているうちに、私の前に同じくこの問題に逢着してこだわりを見せる歴史家がいることを知って、わが意を得るとともに、まことにうれしく思ったものであった。その歴史家とは、ほかならぬかの新井白石である。

白石はその著『藩翰譜《はんかんぷ》』(38)のなかで、諸書において彼の行動の記述がつまびらかではないことを「大いにおろそかなりといふべし」と難じ、この松平忠吉は「徳川殿御代官として守殿(忠吉)海道の大将承らせ給ひ、井伊、本多を軍奉行《いくき》とし、御方の大名引具して攻上」ったと推定している。そして忠吉は岐阜合戦にも参加したとして、

まづ尾張の清洲の城に至り給ひ、福島、池田等を先陣とし、宗徒《むねと》の大名に井伊、本多つけて、岐阜の城に差向けらる、味方すでに勝軍しつと聞えしかば、守殿も馳せ向ひ給ひ、中納言秀信が降を受け、城をば味方に守らせらる。

と述べている。

白石の見解は、忠吉＝家康名代説《みょうだい》ともいうべき論で、八月はじめに豊臣系諸大名が小山の陣からあいついで東海道を西上していったおりに、軍目付の井伊、本多とともに家康の名代

として先発していったとしている。

　これは非常に魅力ある説であり、豊臣系武将たちの行軍に家康の名代を同行させるという考えも妥当であるし、忠吉が井伊直政の聟であればなおのこと、直政の後見、擁護をうけるかたちで彼とともに進んだという想定も、充分に合理的であるということができよう。そしてこの説は、私が提出しているいくつかの疑問点を、無理なく整合的に説明してくれるもっとも適切な考えであるように思われる。

　私も一時はこの考え方に傾いたのだが、しかしながら、いかんせんこれを裏づける傍証が見いだしえない。白石は後掲の『黒田氏《くろだし》関原記《せきがはらき》』のなかに、忠吉が清洲城にあって岐阜合戦を指揮した記述があることをもってその根拠とするのであるが、これは岐阜合戦に関する自余の史料にはまったく見られないことである。ことに第一次史料にその名が見えないことが決定的であり、岐阜合戦前後に授受された家康と出先将士との往復書状にその名が見えず、家康に報告された合戦の注進状も井伊、本多両名の名前で発給されており、家康の書面にも「井伊兵部少輔、本多中務《なかつかさ》申越候」とのみあって、松平忠吉の名がまったく見えないのである。このことからして、やはり忠吉の家康名代説は取ることはできないであろう。

　では松平忠吉は、関ヶ原合戦をめぐる一連の事態の推移のなかで、どこにいて、どのような動きをしていたのであろうか。単純なことのようだが、このようなことを確定するのがなかなか難しいのである。ことに第一次的な史料で裏づけることが肝要だけれども、現状ではこれを見いだすことはできない。

諸本を検討する

これは一つには、松平忠吉の家が断絶してしまったために関係資料が散逸してしまったことによるのであろうし、いま一つには、おそらく忠吉がこの慶長五年のおり家康の身近にいて行動していたために、家康とのあいだで書状の往復をすることもなければ、書面で指令、指示を与える必要もなかったことから来ていると思われる。

したがって第二次的な史料で追っていくほかはない。『関原状《せきがはらじよう》』[39]『別本関原軍記《べっぽんせきがはらぐんき》』[40]『黒田《くろだ》氏《し》関原記《せきがはらき》』[41]などの、関ヶ原の合戦に参加した将士たちが後日に作成した覚書やその証言に基づいて作成された聞書、武辺話などの軍記によるならば、松平忠吉はこの年の会津討伐の際に、秀忠に供奉して七月一九日に江戸を出発したことになっている。これは第二章（七〇ページ）に既述したとおりである。これはほぼ確実なことと思われるが、その後の行動が不明となってしまうのである。

そしてやはり関ヶ原軍記の一つである『翁物語《おきなものがたり》』[42]なる一書に、同年八月五日のこととして、家康が小山から古河を経由して江戸に帰るおりに、常陸下妻六万石の領主多賀谷《たがや》重経《しげつね》の襲撃を受けそうになった件に関連して、松平忠吉がそのとき結城秀康、徳川秀忠とともに宇都宮方面にいる旨が記されている。

次に軍学者宮川尚古《みやかわしょうこ》の『関原軍記大成《せきがはらぐんきたいせい》』[43]の九月一日の記事に、家康は豊臣系武将たちの向背を危ぶんで出陣をためらっていたが、このとき、福島正則と黒田長政から連名の出馬要請の書状が到来し、その内容を家康がよろこんで出馬を決意するに至ったとするくだりがあるが、そこに「御賢息下野守殿〔松平忠吉〕、御舎弟隠岐守殿〔松平定勝〕へ件《くだん》の書状を御見せありて、今は御心に懸る所なし」という旨を記している。

次に『大三川志』[44]九月一三日条に家康の行軍に関連して、「公子忠吉君、尾張清洲ニ止宿アリテ未ダ岐阜ニ到リタマハス」という記事が見える。

そして九月一四日に家康の赤坂の岡山陣所への到着の記事として『関原軍記大成』に「下野守殿、隠岐守殿、甲斐守殿〔松平忠良〕、其外御家人を御本営の前ハ左右に配定せらる」とある。

九月一五日の合戦当日以前では、だいたい以上のような記事しか松平忠吉に関しては見いだすことができないけれども、これらから推測しうる彼の動きは次のようになるであろう。

すなわち会津討伐では秀忠に供奉して宇都宮城方面に到り、ついで秀忠および結城秀康とともに同城の防備の強化のための諸施策に協力し、秀忠の中山道進発には同行せずして江戸に戻り、九月一日の家康の江戸出陣に供奉して東海道を進み、美濃赤坂の地に到ったこと、そして合戦当日には東軍先鋒の一郭に配置されることとなったのであろう。その軍勢については、このような経緯を想定すれば、ほぼその軍役人数を満足させる数量をひきいての行軍であると考えてさしつかえないであろう。

さてこれに続くより重要な問題は、このように岐阜合戦にも参加しないであとから美濃国に到着した松平忠吉が、なにゆえに関ヶ原の合戦で先鋒に配備されたのかという疑問である。先鋒をつとめるというのは武士にとって最高の名誉であり、その役割をめぐっていかに激しい競りあいがあったかは、岐阜合戦のおりの確執を見ればおのずから了解されるであろう。さしたる働きもせず、遅れてやってきた者が先鋒の位置に割りこんでくるなど、言語道断のきわみなのである。

先述のごとく関ヶ原の合戦における部隊配備は、決して恣意《しい》的でも、家康の独断で決定されたものでもなく、岐阜合戦で形成されたそれを、そのまま尊重するかたちでなされているからである。これも先鋒を基軸とする武将たちの部隊編成という問題が、まことにむずかしい性格をはらんでいるが故にほかならない。

そうであればこそ、そのほとんど唯一の例外であるといってよい松平忠吉の先鋒配備という問題が際だってくるわけである。

一つには、井伊直政とのあいだの舅—聟という特別な条件によるところが大きいであろう。これは松平忠吉が井伊とならぶかたちで先鋒に入ってくることを、自余の武将たちに納得させる理由の一つたりうるであろう。

いま一つの、そしてより本質的な理由は、松平忠吉とその部隊は、中山道を西上してこの地で合流する手はずであった徳川秀忠とその部隊の代替物なのだということである。直政と忠吉の部隊の配備された位置に注意しよう。それは中山道のすぐ北の位置にして、東軍先鋒の中央部を占めている。ここそ、徳川秀忠とそのひきいる三万の軍勢が配備されるにもっともふさわしい場所ではないだろうか。それが家康と東軍の諸将が想定していた、ありうべき部隊編成の姿なのであった。

そして秀忠の部隊はこの地にやってこなかった。だから松平忠吉の部隊がその代わりに、この先鋒中央の場所に入ったのであり、そしてそうであるがゆえに、この松平忠吉の先鋒配備ということは東軍の諸将のあいだでまったく問題とならなかったのであろう。

松平忠吉について、やや詳しく述べた。それはこの関ヶ原合戦の意味を考察するうえで、看過しえない重要性を有していたと考えたからにほかならない。

井伊直政の抜け駆け

関ヶ原では東西両軍十五万人余が対峙したまま午前七時をまわったがいまだ霧は晴れず、戦闘の機をつかめないままに時刻は過ぎていった。ここに著名なエピソードがある。これもまた右に述べてきたような、本書の行論においてきわめて重要な位置を占める事柄である。(45)

すなわち両軍対峙のままに時が推移しているとき、東軍徳川隊先鋒の井伊直政が松平忠吉とともに騎馬士三十人ほどをひきいて、福島隊の側を通りぬけて前線に進み出ようとした。福島隊の先頭部隊長可児才蔵《かにさいぞう》はこれを制して、本日の全軍の先鋒はわが福島隊にして、何人《なんぴと》もこれを侵すことを得ずと申し入れた。井伊直政は答えて、これは抜け駆けにあらず、初陣《ういじん》の忠吉君に実戦の模様を視察せしめんがために前線をめぐるのみ、兵を伴わざるはそのゆえであると弁じた。

由来、戦陣において先鋒を差し置いて抜け駆けをおこなうことは固く禁じられている。家康が発した今次の軍法においてもその禁止を明文をもってしている。すなわちその第四条に「先手を指越、たとひ高名せしむるといへども、軍法を背くの上ハ成敗すべき事」[46]と明記されていた。

しかもわれわれはすでに岐阜合戦で繰り広げられた、抜け駆け問題における福島正則の憤りがどのようであったかを充分すぎるほどに知っている。抜け駆けの遺恨から、同士討ちもあえて辞せずと激怒する正則をなだめた者の一人が、ほかならぬ井伊直政であった。

だから井伊直政がいま決行しようとしている抜け駆けは、たんなる場あたり的でも、ありきたりの功名心に発するものでもなくて、深い意味を備えていたということになる。一つには軍法違反に問われることを覚悟のうえでの行為であること、いま一つには福島正則の先陣を侵すことの危険を充分に承知したうえでの行為であったことである。井伊直政の一行があえて福島隊の横をとおって可児才蔵に断りをなしたのは、正則に対するそれなりの気配りであったのかもしれない。

すなわち井伊直政としては、福島との間で同士討ちが発生するかもしれない危険を考慮してもなお、先陣をとる必要があったということである。この戦いを徳川の戦いとするためには、それはどうしても不可欠のことであった。逆言するならば、東軍の布陣における徳川勢力の存在感がそれほどに薄いということであり、福島に先陣を委ねて漫然と戦闘に入ってしまうならば、東軍が勝利をおさめても、それはたんに豊臣系将士たちに名をなさしめるだけに終わりかねない、ということであった(47)。

霧の中の合戦

井伊の一行は福島隊の側をすり抜けて前線に出るや、あたり一面に朝霧深く立ちこめて敵味方の別も分かたれぬ状態の中で、西軍宇喜多隊（あるいは島津隊ともいう）に向けて突如、馬を揃えて攻撃をしかけた。抜け駆けである。

福島正則は井伊の抜け駆けを知ったが、しかし敢えてこれを咎《とが》めることはせず、ただちに鉄砲足軽八百人余を動員して宇喜多隊に向けていっせいに発砲した。関ヶ原の霧はいまだ晴れやらず、文字どおり霧中の銃撃戦となった。時に午前八時、ここに関ヶ原合戦の幕は切っておとされた。

この銃声を聞いて前線では各所で戦闘が開始され、東軍の藤堂・京極隊はそろって大谷隊を攻撃し寺沢隊もこれに加わった。寄合組をなしていた織田・古田・猪子・佐久間・船越らは小西隊に向かい、田中・細川・加藤・黒田・金森・竹中の諸隊は石田隊をめがけて突進した。はじめ宇喜多隊に攻めかかった井伊・松平隊は、それより退いて向きを転じて島津隊を目標として攻撃した。

家康は桃配山を本陣とさだめ、その前後の部隊配備をようやく終えたころ、前線から銃声と喊声《かんせい》が聞こえたが、霧なお深くして視界がきかず、しばらくは使番をあいついで派遣して戦況を逐次把握していくありさまであった。

黒田長政はかねて精鋭の士十五名を選抜し、そのひきいる歩卒とともに一隊を編成して、岩手山の麓をめぐって石田隊の前隊の側面にまわりこみ、小丘にのぼってそこから石田隊に向かって射撃した。これにより石田隊に死傷者が続出し、ことに前線で指揮をしていた島左近が銃弾にあたって負傷したことは、石田方にとって大きなダメージとなった。

これにより石田隊の前面が崩れて後方の柵のうちに引き退いたが、これを見て黒田・細川・加藤・田中・生駒らの諸隊が三成の本隊に向かって攻撃した。石田隊は自軍に倍する敵の大軍の攻撃を受けて崩れるかに見えたけれども、三成はかねて大坂城より大砲数門を運びたっており、この大砲で応戦したために、さしもの東軍の軍勢もひるんで戦線は押し戻されるにいたった(48)。

小早川・毛利の動向

福島隊と宇喜多隊の衝突では福島隊が押しこんだのち、宇喜多側はその前線隊長明石《あかし》全登《てるずみ》の指揮のもとに猛反撃に転じたために福島隊は大きく後退した。福島正則はこれを見て怒り、みずから前面に駆って出て将士を叱咤《しった》して反攻を命じ、かくて戦況は一進一退を繰りかえした。

　時刻はすでに午前一〇時をまわり、明け方からの霧はすでに晴れあがって関ヶ原一帯の見通し、戦況は眼下に一望できる状態となった。ここに三成はかねての打ちあわせにしたがって天満山に烽火《のろし》をあげて、松尾山の小早川、南宮山の毛利の両隊の参戦をうながした。だがいずれも応じなかった。三成は急使を松尾山に遣わし、また小西・大谷からも人をやって督促するも、小早川の老臣稲葉正成《まさなり》・平岡頼勝たちはこれを聞かなかった。

本多忠勝

　一方、桃配山を本陣とした家康は南宮山を背後とした関係から、この方面への注意はおこたらなかった。南宮山に布陣する毛利隊の指揮者たる吉川広家からは、先述のように内応の約は得ていたけれども、この種の約言などは戦局次第でどちらへでも転ずることであるから油断のできる話ではなかった。この種の約言は圧倒的な勝ち戦さを展開していればこそ、有効に働くものなのだから。

ことに東軍はすでに西軍の包囲陣形のなかに入りこんで戦いをおこなっていることゆえ、毛利・長宗我部隊が背後から襲ってきたときには、完全に退路を絶たれるおそれがあった。毛利勢の不参戦の態度が守られているうちに、早期にこの戦いの決着をつけなければならない。長引いて戦局が混迷状態になったときには、いかなる裏切り、予期せぬ事態が発生するかもわからないからである。

本多忠勝の奮戦

家康はこれよりさき午前九時をすぎたころ本陣を進めて関ヶ原宿駅の東口に至り、戦況をつぶさに観察して諸隊に伝令を発し、かつ全軍の士気を鼓舞した。一一時ごろにはさらに本陣を三、四町前進させて、ほとんど背後を顧みないようなかたちとなった。

家康の近くにあった本多忠勝も南宮山への手当を打ち捨てて前線に進み、軍目付として全軍の督戦と用兵を指揮して劣勢の色のあった東軍の陣容を立てなおし、またみずから敵陣内へ突入して戦った。この時の本多忠勝の奮闘ぶりはまことに目ざましく、のちに福島正則がその指揮進退のみごとさを絶賛したほどであった(49)。

だが本多忠勝たちの奮戦にもかかわらず、時刻は正午に近づくも勝敗は決せず、西軍の反撃も予想をこえる厳しさで戦局のゆくえは予断を許さなくなってきた。ことに包囲陣形の中で戦っている家康方にとって、この状況はきわめて危険なものと言わねばならない。

小早川、裏切る

戦局の帰趨はいまや松尾山に八千人余の大軍を温存させている、小早川秀秋の去就にかかっていた。秀秋はすでに黒田長政の仲介で家康方に内応することを約していた。それで家康の下から奥平藤兵衛が、黒田からは大久保猪之助らが秀秋のところへ目付として送りこまれており、機を見て叛撃に出る手はずとはなっていた。だが秀秋の老臣平岡頼勝は、先手を進める潮合《しおあい》はわれらに任せられるべしと答えるのみで、家康方の叛撃要請にも応じなかった[50]。

小早川秀秋（高台寺蔵）

家康にもあせりの色が見えはじめ、使いを黒田長政のもとにおくり、秀秋の内応の約はいかが相なっているかを詰問していた。秀秋違約かとの空気が漂いはじめ、秀秋裏切りせざるときは、また広家も違変あるかと家康は心を苦しめ、手指を嚙《か》んで、「せがれ（秀秋）めに計られた[51]」と繰りかえし嘆じたと伝えられるのは、この時のことである。

ついに家康は意を決して、小早川隊に向けて誘導の銃（「問い鉄砲」）を放たせた。この無謀とも見える策は、しかしながらみごとに奏功し、若い秀秋は動転して老臣らの言に耳を傾けるいとまもなく全軍に叛撃を指令した。ここに小早川隊は松尾山を下って大谷隊をめがけて突入した。しかしながら、大谷吉継もまた秀秋に叛意《はんい》あることを知っていたから驚くことなく、かねて用意の六百の精兵をもってこれを防ぎ、戸田・平塚隊をもって小早川隊の側面を突いてこれを撃退し、いったんは松尾山に押し戻した。家康からつけられていた目付役の奥平藤兵衛は踏みとどまって戦い、その場に討ち死にした[52]。秀秋もこのありさまを見て大いに怒り、みずから指揮して本隊を進めて大谷隊と激戦におよんだ。

　このとき藤堂高虎の合図にしたがって、かねて内応の約をなしていた脇坂・朽木・小川・赤座の四隊が、いっせいに離反して大谷隊に襲いかかった。こうして少兵力ながら勇猛果敢の戦いを繰りひろげていたさしもの大谷隊も潰《つい》え、吉継はその場に自尽《じじん》した。

　小早川の叛撃を見るや、家康は旗本勢に高らかに鬨《とき》の声をあげさせ、全軍に進撃を命じた。不思議なことに思われるかもしれないが、家康の麾下の将兵がこの合戦に本格的に参加したのは、この小早川の叛撃以後のことなのである[53]。

　これは本来的に、旗本勢とは大将のもとをみだりに離れて攻撃に向かうようなことはしないということと、この合戦では豊臣系武将のあいだで裏切りが発生したり、大軍を擁している毛利勢が状況しだいで背後から襲いかかって来る可能性を無視することはできず、これら万一の事態に備えて旗本の防御態勢を厚くしておく必要があったからである。徳川勢でここまで戦いに参加していたのは、前述のとおり、東方の先手に配備されていた松平忠吉と井伊直政の率いる部隊六千人余でしかなかったのである。

家康が周囲の旗本勢に進撃を命じたのは勝利を確信したからであり、小早川の叛撃で浮き足だった西軍に態勢立てなおしの機を与えず、いっきに突き崩すべきと判断したからにほかならない。

いまや家康の旗本備の防備は顧慮することなく、その麾下の将士の大兵力がいっせいに西軍を目がけて出撃し、戦場は大乱戦の状態となった。人びとが入り乱れて闘う一方では、敵味方の放れ馬およそ千五百頭が南北の野に飛び出して戦場を駆けめぐるなど合戦は最高潮にたっした(54)。

そして小早川隊の裏切りと東軍総攻撃のまえに、西軍の各部隊はつぎつぎに潰えさっていった。大谷隊につづいて小西、宇喜多の隊が崩れた。宇喜多秀家は小早川の裏切りを憤り、秀秋をめざして突撃せんとしたけれども、老臣明石全登の諫めによって戦場を離れ、従者数人とともに落ちのびていった。

石田隊はつねに周囲に東軍の大兵を迎えて激戦数回におよんだがいささかも屈することなく、午後に入ってもなお抗戦を続けていたけれども、事ここにいたってついに潰えた。三成は伊吹山の方角に落ちのびていった。

島津の敵中突破

この関ヶ原の合戦で不思議な戦い方をしたのは島津隊であった。みずから攻撃することなく、西軍諸隊の援軍要請もことわり、ただ自陣に近づく者は敵味方を問わず打ちはらうというふうであった。島津義弘の心事をあえて推しはかれば、島津は故秀吉の恩義を思い、武士としての義侠の観点から豊臣秀頼のために闘うが、しかしまた同時に家康に対して敵対する意思は有さないといった矛盾し、心理的な葛藤を抱えた状態のままにこの合戦を推移させていたというものではなかったか。

しかして島津の戦いぶりを見るに、およそ勝敗を度外視した態度に終始しており、戦の駆け引きもなければ、家康の本陣を狙うなどといった考えも持ちあわせてはいなかったようである。だから島津は小早川の反逆によって西軍が総崩れになっても、それを意に介さぬがごとくに、それまでどおりの戦いをつづけていた。自陣を侵す者は東軍であれ西軍であれ、すべて打ちはらっていた。それゆえに総崩れになって島津陣に逃げこもうとした宇喜多、小西隊の兵もまた切りはらわれ、ためにこれを避けて逃走せんとして池寺池に落ちて溺死《できし》した者がかなりの数にのぼったほどであった[55]。

しかし西軍総崩れの中でひとり最後まで戦っていた島津隊は、結果的には東軍によって包囲されることとなり、いまや退路をまったく絶たれていた。ここに関ヶ原合戦の最後を飾る壮絶なドラマとして名高い、島津隊の敵中突破の退却作戦が決行された。

島津隊は右前方の牧田路から関ヶ原を脱出すべく、全軍一団となって敵中に突進していった。あたり一面東軍の中を駆けぬけ、まさに家康の本陣の前をかすめるかたちで牧田路へ向かっていった。これを見た福島、小早川、本多、井伊の諸隊が追撃したが、殿軍《しんがり》をつとめた島津豊久は馬をかえして奮戦し、烏頭坂《うずざか》の戦いでその家来とともに討ち死にした。島津の鉄砲隊は退きつつも、また地に伏して後方に激しい射撃を浴びせかけ、これがため追撃部隊も多くの死傷者を数えた。

義弘の本隊も井伊、福島隊の追撃をうけ、上野の地で反転していったんはこれを撃退したが、追撃部隊もまた奮戦して双方の兵が多く倒れた。島津の老臣阿多盛淳《あたもりあつ》は、みずから大将島津義弘と名乗って敵を引きうけ、主君に代わって討ち死にする間に、島津隊はわずかに八十人余を残して逃走をつづけた。これをさらに井伊直政と松平忠吉らが百騎余の従者とともに急追して島津方と切りむすび、忠吉は馬上より鐙をもって敵を打ち伏すとともに、島津の臣松井三郎兵衛と一騎うちのうえ、これを討ちとるという殊勲を立てた(56)。島津方もさらに人数を減じたが、その必死の反撃で忠吉も傷を負い、直政もまた銃弾を身に受けて落馬した。

ここに家康も追撃をとどめ、島津隊もまた伊勢国を指して遠く落ちのびていった。時はすでに午後四時にさしかかり、陽もようやく関ヶ原の西に傾こうとしていた。

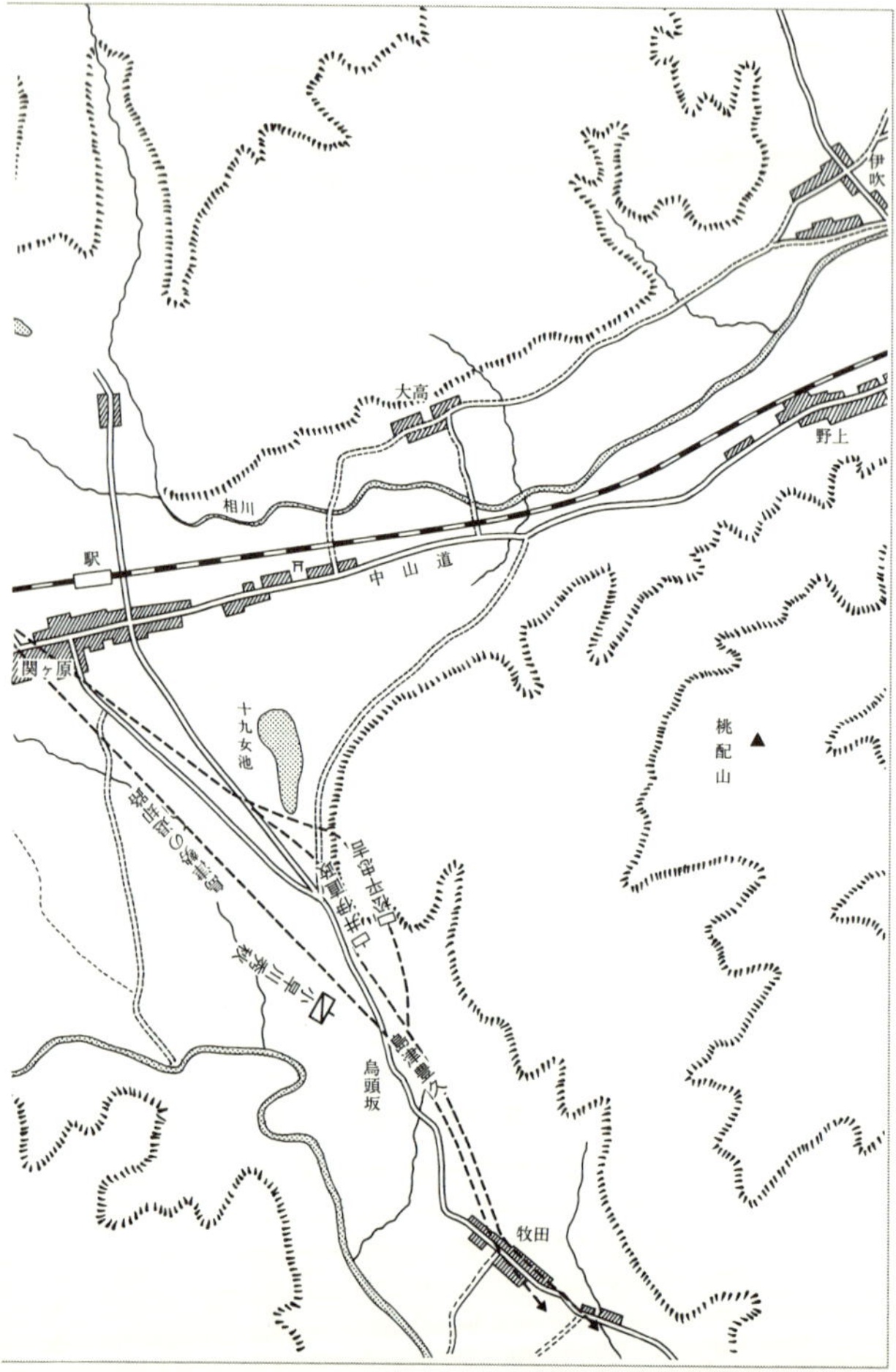
伊吹
大高
野上
相川
駅
中山道
関ヶ原
十九女池
桃配山
宇喜多の退路
井伊直政
松平忠吉
小早川秀秋
島津豊久
鳥頭坂
牧田

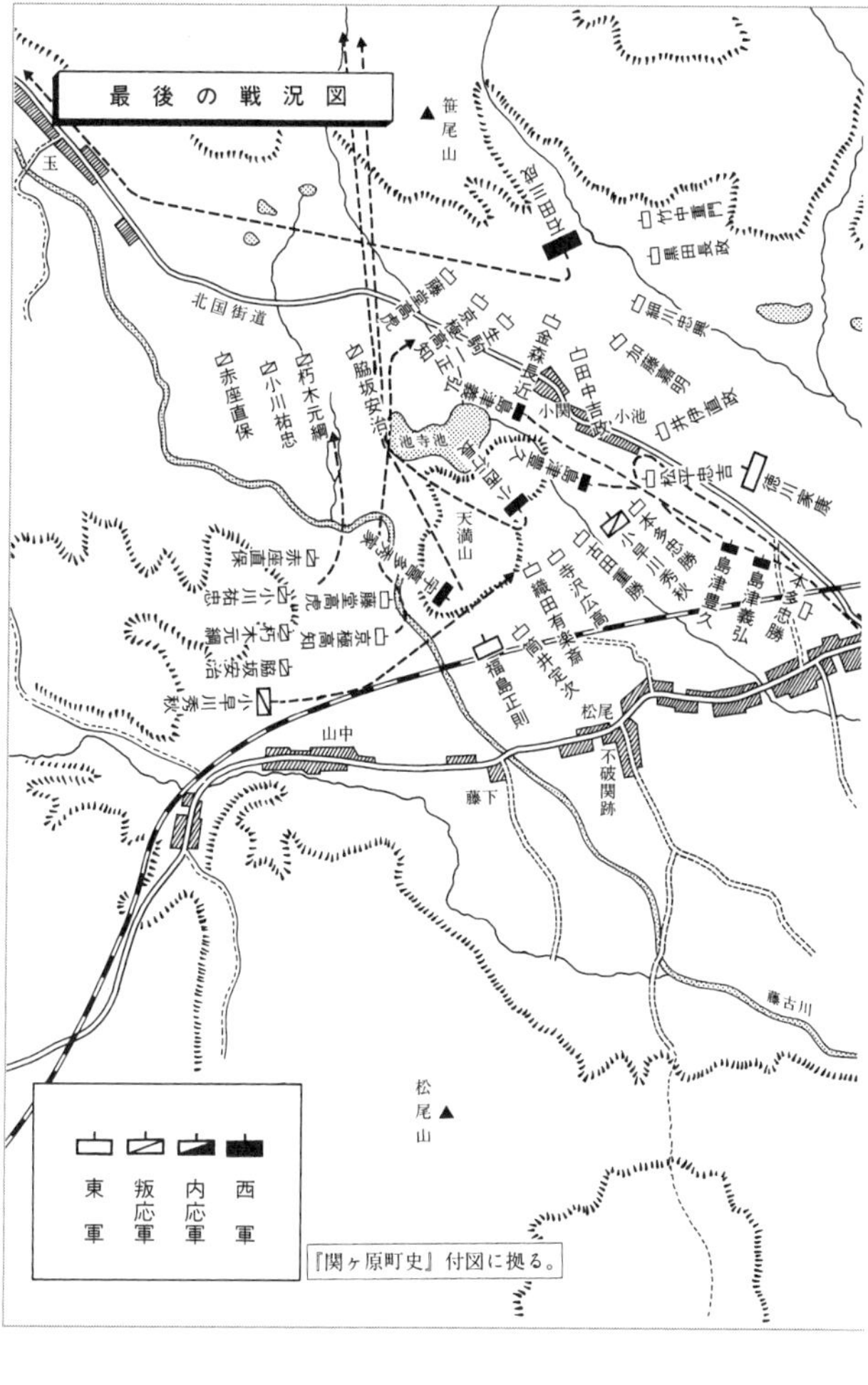
最後の戦況図
笹尾山
玉
北国街道
石田三成
竹中重門
黒田長政
細川忠興
加藤嘉明
田中吉政
金森長近
井伊直政
松平忠吉
徳川家康
藤堂高虎
京極高知
生駒一正
織田有楽斎
筒井定次
寺沢広高
古田重勝
本多忠勝
小早川秀秋
島津豊久
島津義弘
小関
小池
池寺池
天満山
宇喜多秀家
脇坂安治
朽木元綱
小川祐忠
赤座直保
福島正則
松尾
山中
藤下
不破関跡
藤古川
松尾山
東軍
叛応軍
内応軍
西軍

『関ヶ原町史』付図に拠る。

ふがいない毛利氏

南宮山の西軍は毛利隊の先鋒将吉川広家が動かなかったために、ついに参戦の機会をうしなった。広家が抜け駈け厳禁の軍法を楯にとって、後続の毛利本隊の前進を牽制し続けたためである。長宗我部、安国寺、長束の諸隊もまた、これに引きずられて、むなしく戦いを傍観するのみであった。西軍の敗北があきらかとなるや、長宗我部、長束隊は伊勢方面に走り、毛利隊は近江に向かって退いた。

東軍はそれより兵を進めて九月一八日には、三成の居城の佐和山城を陥落させ、さらには西軍総帥である毛利輝元の陣する大坂城へと向かい、数度の折衝の結果、同二五日に輝元ら毛利勢の退去を見ることによって本合戦の主要部は終わりを告げた。

だが毛利輝元がこうもあっさりと大坂城を退去しなかったならば、この合戦はなお複雑な展開をたどったかもしれなかった。西軍将士のうちの気骨ある者たちは、なお大坂城に拠っていま一戦をこころみて、家康に一矢を報いんと欲していた。

その一人は南宮山にいた毛利秀元である。彼は吉川広家の内応には荷担していなかったどころか、内応そのものを知らなかったということである。『関原軍記大成』の著者である宮川尚古は、広家の身近くいてその内応に秀元が気がつかぬはずはあるまいと主張するのであるが、広家自身が内応は自分と福原広俊の両名のみが関与していたことという証言を残しているから、やはり秀元はそれを知らなかったようである。(57)

秀元は、広家が内応によって攻撃の機をつかませなかったことをあとで知って憤り、大坂城に戻って家康に反撃をこころみるべく、輝元を説得した(58)。

再挑戦をこころみようとしたいま一人の人物は、立花宗茂である。この西軍屈指の猛将は大津城攻撃のために関ヶ原の合戦に参加することができず、大津城を開城させたのち草津まで進んだところで、西軍の敗報に接したのであった。宗茂もまた大坂城に家康を迎え撃たんとして、同城に帰って輝元に奮起をうながしていた(59)。

敢闘精神を失わなかった第三の人物は島津義弘である。関ヶ原の戦場を激戦のすえに離脱して伊勢の方面に落ちのびていった義弘の主従一行は、それから向きを再び北に転じて鈴鹿山系の五僧峠を越え、落人狩りのきびしい山道を下人に身をやつして歩み、近江の多賀神社に降りたのち、水口、信楽《しがらき》から大和、河内を経て和泉国へと通り抜け、同月一八日には摂津の平野に着いた(60)。それより大坂住吉に潜入し、また堺に居を移して、しばらくこの地に踏みとどまった。島津義弘もまた大坂城を戦場にして、いま一度家康に相まみえんと念じていた(61)。

だがこれらの人びとの懇請にもかかわらず、毛利輝元はあっさりと退城に踏みきってしまったのである。輝元の身の安全を保障し、毛利の領国には手を触れないという家康方からの誓約を受けてのことであった。

しかしながらこの誓約は、輝元は今回の一件では事情を知らず、たんに謀反人たちに籠絡されたにすぎないという状態を前提にしたものだったのであるが、はたして家康方が大坂城に入ってみると、輝元が今回の企てに積極的に関与したことを証明する廻状や輝元の花押《かおう》が記された証拠がつぎつぎに見つけ出された。こうして先の受動的関与という前提はくつがえされ、したがって領土保全の誓約も無効となるというしだいである(62)。

輝元を大坂城から退去させるために、じつに多くの人物(福島正則、黒田長政、井伊直政、本多忠勝その他)によって提出された誓詞は、右のようにまことに論理的なかたちをとって、すべて破棄されてしまった。

輝元に対する処置は改易であり、毛利領国の没収であった。そして吉川広家に対しては内応の功をもって毛利領国の二ヵ国を賜うこととなったのである。これは同年一〇月になって突如申しわたされた。広家はもはや家康方の処置に一言も抗弁することなく、ただ自分に賜るとある二ヵ国を輝元に与えられ、毛利の社稷が存続しうることを哀願するのみであった(63)。

このような経緯で、毛利家には周防《すおう》・長門《ながと》の両国が与えられ、輝元は隠居剃髪して宗瑞と称することとなる。

これよりさき、もっとも厄介なこととなるかもしれなかった輝元の退去問題を無事に解決した家康は、福島正則、池田輝政、浅野幸長ら豊臣系武将たちに大坂城西の丸を接収させた。正則たちはその後、本丸におもむいて秀頼に謁している。

家康は関ヶ原の合戦ののち大津城に入ってここに滞在していたが、輝元の退去問題が片づくや、大津をたって伏見を経由したのち、九月二七日に大坂城に入る。さらに一〇月一五日には大坂城本丸に家康を迎えて饗応がなされ、淀殿をまじえて和睦の盃事《さかずきごと》がおこなわれた(64)。このとき盃は淀殿、家康、秀頼の順にまわされている。家康は自分の盃を秀頼にまわすことを遠慮して辞退したが、淀殿がこれを強く勧め、今より秀頼は家康のことを故太閤同然に心得なければならないことを、人びとの見守るなかで述べ、和睦の盃事はこうして無事に終わった。

そののち家康は、合戦前のごとく再び大坂城の西の丸に入って、ここを居所とした。

敗将無残

さて関ヶ原の戦場から逃れた西軍諸将に対する捜索がつづけられていたが、小西行長は九月一九日に伊吹山中に潜伏しているところを発見されてとらえられた。石田三成は近江の古橋村にあるところを同二二日に、田中吉政の手の者に捕獲された。安国寺恵瓊は京都六条の寺院に隠れていたが、京都所司代奥平信昌によって同二三日にとらえられた。三人は大坂・堺・京都の各所を引きまわしのうえ、一〇月一日、京都六条河原において処刑された。

長束正家は関ヶ原の戦場から逃れて、その居城の水口城にもどったが、家康は東軍武将の池田長吉を派して正家に降伏を求めた。正家は水口城を退去して、近江日野で自尽した。

大坂城にあった増田長盛は、毛利輝元とともに同二五日に同城を退去して、その居城の大和郡山城に蟄居していたが、のちその領地を奪われ武蔵国岩槻の高力忠房のもとに配流の身となった。

西軍諸将があるいはとらえられ、あるいは自尽したなかにあって、宇喜多秀家ひとりは家康方の追跡をかわしてはるか薩摩の地にまで逃亡し、島津氏の庇護のもとに入った。だが慶長七（一六〇二）年、島津忠恒（家久）が家康と和睦をするに際して宇喜多秀家の取り扱いが問題となり、その身命の安全を条件にして家康側に引き渡された。秀家はしばらくは駿河の久能山に置かれていたが、同一一年になって八丈島に流され、秀家およびその子孫は長く同島に暮らすこととなった。

その他の諸将は？

さてこの関ヶ原合戦を全国規模で見たとき、戦闘はなお各地で続けられていた。ことに今次の合戦の初発をなした会津の上杉景勝の動向であるが、ここでは伊達、最上両氏を相手に局地戦を繰りかえしており、しかも関ヶ原の合戦の結果が伝わっても、これに関知せぬがごとくに上杉勢は戦闘を展開し、慶長六年に入っても終熄《しゅうそく》させる気配を見せなかった。

しかし家康の侍僧である西笑《さいしょう》承兌《しょうたい》から直江兼続あての勧告などもあったことから、同年三月には会津方面軍の総督たる結城秀康について降伏のことを請い、さらに家康方から送られた謝罪の諭告にしたがって上杉景勝は同七月に上洛し、結城秀康とともに伏見で家康に謁

して謝罪した。(65)

上杉家は一二〇万石から米沢三〇万石に減封されたが、景勝ならびに直江兼続の両名とも身分に関わる処罰はなく、二人とも従前どおりに政務に携わった。

常陸水戸五四万石の佐竹義宣は、その父義重が慶長六年四月に家康に謁して謝罪し、一八万石に減封のうえ出羽秋田に移された。

長宗我部盛親は関ヶ原では大兵を擁しながら、形勢を観望するにとどまったのであるが、結果的には、その領国のすべてを失うはめになってしまった。井伊直政の懇請によって、身柄の安全だけは保障された。盛親はそののち剃髪して祐夢と号して京都に隠棲していたが、慶長一九（一六一四）年に大坂の陣が起こるや豊臣氏の誘いをうけて大坂城に入った。そして翌年の夏の陣では、八尾・若江の合戦において藤堂高虎の軍勢を撃破するなど目覚ましい働きを示したけれども、大坂落城後、捕らわれて斬られた。

立花宗茂は、毛利輝元に大坂での再戦をことわられたのち国元に帰り、居城の柳川城に拠って家康方の軍勢を引きうけ、籠城抗戦の構えを見せた。もとより宗茂はここで城とともに討ち死にする存念であったが、柳川城の攻撃に向かった加藤清正や鍋島直茂たちは、宗茂とは朝鮮の陣でも苦楽をともにした戦友と呼ぶべき間柄であり、宗茂を死なすに忍びないとする彼らのたびかさなる開城の説得に応じて、ついに城を退去するにいたった。

こののち宗茂は清正らの取りなしで、謝罪の意を表すべく江戸に下って謹慎蟄居した。そして慶長八年、家康の将軍宣下の年の一〇月になって家康、秀忠の御前に召しだされ、陸奥棚倉の地に一万石を賜って麾下の士に列することとなった。その後、元和《げんな》六（一六二〇）年になって筑後柳川一〇万九六〇〇石に封ぜられ、思いがけずもその旧領を回復することができたのである。[66]

似たような経過をたどったのは丹羽長重《ながしげ》である。加賀小松一二万石の領主である長重は会津討伐に際して、家康の呼びかけに応じなかったことから上杉に与していると見なされ、家康方に属した前田利長と交戦した。この北陸の戦いは、関ヶ原の合戦の以前に和議が成立していたのであるが、戦後に長重は領地を没収されてしまった。

そこで宗茂とおなじく江戸に向かって、品川の地に謹慎して異心なきことを示した。そして宗茂と同時に、常陸国古渡《ふっと》一万石を賜ることとなった。[67]そののち順次に加増を重ねて、寛《かん》永《えい》四（一六二七）年には陸奥白河一〇万石に封ぜられた。

島津は本領を失わず

最後まで残ったのが島津の処分問題であった。島津義弘は国元に帰ったのち、桜島に蟄居して恭順の意を表した。これより子の忠恒（家久）および義弘の兄の義久（龍伯）は、井伊直政、本多正信、山口直友らについて謝罪するとともに講和の途をさぐったが、問題の解決は容易ではなかった。

家康側ではたびたび義久に上洛を求め、そのうえで平和裡に問題を解決するよう申し送ったが、島津側ではこれを警戒して応じなかった。家康は、関ヶ原の合戦後の同年九月晦日《みそか》には島津討伐の指令を発し、毛利輝元を先陣として薩摩へ攻め入る態度を表明したが、しかしこれは毛利家の処分問題の方が急がれたために、同一一月には島津討伐の中止が九州大名たちに伝えられている(68)。

こうして家康側と島津側との間では、使者や書状はしきりに行き交ったが、根本的解決を見ないままに睨《にら》みあいの状態が続けられ二年が経過した。かくして慶長七年四月にいたって家康は龍伯に誓詞を送り、薩摩・大隅の両国と日向国諸県《もろかた》郡の所領を安堵する旨をあきらかにした(69)。

家康自身の誓詞が出されたことを踏まえて島津側も講和に応じることとし、同年八月に島津忠恒は国元を出立して上洛の途についた。そして福島正則らの助力も得て、その一二月の末に伏見城で家康と会見し、問題の無事解決を見たのである。

このように島津は徹底した武備恭順の構えと、そしてまた日明貿易の仲介者というカードを武器にした家康側への揺さぶりという、したたかで粘り強い交渉力によって所領安堵の成果を獲得した(70)。

他方、家康にとっても島津問題の早期解決は、彼の天下支配の戦略をすすめていくうえにおいて必須の事柄であった。すなわち家康は、島津問題を含む関ヶ原合戦の戦後処理をことごとく終えたのち、長らくの懸案事項であった征夷大将軍任官と幕府開設という問題へとその政治日程をすすめていくのである。

第四章　戦後処理──征夷大将軍任官の政治的文脈

1　戦後処理と論功行賞──豊臣系武将の処遇

苦く不本意な勝利

この章では関ヶ原合戦以後の政治動向について検討する。すなわち戦後処理や合戦の論功行賞のあり方、そしてそれにともなう諸大名の全国的な領地配置、さらには家康の征夷大将軍への任官と徳川幕府の成立といった諸問題を考えてみる。

それら諸問題を検討するのは、これまで本書において述べてきた関ヶ原合戦の理解の妥当性を、いわば結果の諸事実の側から再吟味するためであると同時に、さらには本書で述べたような理解に立ったとき、関ヶ原合戦とは近世の徳川幕藩体制の形成に対して、どのような歴史的意義を担う事柄であったかを考察する必要からである。

関ヶ原合戦の結果、西軍に属した諸大名の領地が没収され、また減封・転封がおこなわれた。すなわち、石田三成（近江佐和山一九万石）、宇喜多秀家（備前岡山五七万石）、小西行長（肥後宇土二〇万石）、長宗我部盛親（土佐浦戸二二万石）ら八十八の大名が改易され、その領地四一六万石余が没収された。

また毛利輝元（安芸広島一二〇万石）、上杉景勝（陸奥会津一二〇万石）、佐竹義宣（常陸水戸五四万石）ら五大名は領地を削減され、二一六万石余が没収された。この戦いによる没収高は、総計六三二万石余にのぼり、これは当時の日本全国総石高一八〇〇万石余の三分の一をこえる数字であった。

そしてこの没収高六三二万石余の八〇パーセント強にあたる五二〇万石余が豊臣系大名に加増として宛行《あてが》われたのである。(1) 従前、この豊臣系諸大名への大加増は、なお大坂城に豊臣秀頼が残る政治状況のもとで、彼ら豊臣系諸大名の徳川氏に対する忠誠を期待しての政策として理解されてきた。

その面を無視することはもちろんできないが、しかしなお本書であきらかにしたように、関ヶ原合戦における家康方の軍事的勝利に対する豊臣系武将たちの貢献は絶大であり、さらには、投入が予定されていた秀忠ひきいる徳川主力軍の遅参という不測の事態によって、その貢献度はさらに飛躍的に高まることとなった。すなわち右に述べた豊臣系諸大名に対する大幅な加増は、この戦勝への貢献に見合った行賞にほかならなかったということである。

たんに軍事力の割合だけでなく、小山の評定において福島正則、黒田長政らがその率先によって豊臣系諸将をあげて家康の味方に引きいれた行為、山内一豊の提唱で東海道諸城が家康方に無条件で明け渡されたこと、さらには黒田長政らの尽力で吉川広家や小早川秀秋を家康方に抱きこんだこと、これら豊臣系諸将が非軍事的な面において東軍勝利に果たした役割もまた絶大であった。

関ヶ原の合戦が終わって、家康の本陣へ諸将が戦勝の祝賀に参集してきたとき、家康は諸人の見ている前で黒田長政の手をとって、今日の一戦の勝利はひとえに長政の働きゆえという賞詞をあたえたとされていることも[2]、右の事実を裏付けていると言ってよいであろう。

また豊臣系武将の筆頭格にして、今回の合戦でも豊臣系諸将を家康の味方に引きいれ、家康の勝利に多大の貢献をした福島正則に対する行賞問題では、家康側は相当に気を遣っている。

家康側が用意した行賞案は、安芸、備後の二ヵ国、石高にして約五〇万石であった。これは正則を二ヵ国領有の国持大名に昇格させることを意味しており、しかもその居城となる広島城とは、これまで中国地方八ヵ国一二〇万石を領有していた毛利氏の本城としての構えを有していた。

これだけの破格の厚遇を用意したのだが、家康側では実に、この条件ですら正則が不服を申し立てないかどうかを不安に思っていた由である。この行賞案の提示には、井伊直政と本多忠勝の両名が使者に立って正則のもとに赴いたのであるが、思いのほかに正則は上機嫌で、過分の恩賞に存ずる旨を言ってくれたので、使者の両名は拍子ぬけしつつも安堵したと

種別	大　名	旧封地・石高	新封地・石高	石高増加
外様	前田利長	加賀金沢　83.5	同　　左 119.5	36.0
	里見義康	常陸鹿島　9.0	安房館山　12.0	3.0
	伊達政宗	陸奥岩出山58.0	同　　左　60.0	2.0
	最上義光	出羽山形　24.0	同　　左　57.0	33.0
	蒲生秀行	下野宇都宮18.0	陸奥会津　60.0	42.0
家門	松平忠吉*	武蔵忍　10.0	尾張清洲　52.0	42.0
	結城秀康	下総結城　10.1	越前福井　67.0	56.9
	武田信吉	下総佐倉　4.0	常陸水戸　15.0	11.0
	松平忠輝	武蔵深谷　1.0	下総佐倉　5.0	4.0
譜代	井伊直政*	上野箕輪　12.0	近江彦根　18.0	6.0
	鳥居忠政	下総矢作　4.0	陸奥磐城平10.0	6.0
	奥平信昌*	美濃加納　3.0	同　　左　10.0	7.0
	奥平家昌	(ナ　シ)	下野宇都宮10.0	10.0
	平岩親吉	上野廐橋　3.3	甲斐府中　6.3	3.0
	松平忠政*	上総久留里 3.0	遠江横須賀 6.0	3.0
	石川康通	上総鳴戸　2.0	美濃大垣　5.0	3.0
	松平忠頼	武蔵松山　2.5	遠江浜松　5.0	2.5
	小笠原秀政	下総古河　3.0	信濃飯田　5.0	2.0
	本多康重	上野白井　2.0	三河岡崎　5.0	3.0
	本多忠朝*	(ナ　シ)	上総大多喜 5.0	5.0
減封・所替	毛利輝元	安芸広島 120.5	長門萩　29.8	−90.6
	上杉景勝	陸奥会津 120.0	出羽米沢　30.0	−90.0
	佐竹義宣	常陸水戸　54.5	出羽秋田　18.0	−34.9
	秋田実季	出羽秋田　5.2	常陸宍戸　5.0	− 0.2

備考　藤野保校訂『恩栄録・廃絶録』(近藤出版社, 1970) による。大名の配列は, 外様大名は新封地に即して西南地方から東北地方にかけて, また徳川家門・譜代大名は石高の順とした。＊印は家康に従軍して関ヶ原の戦いに参加した大名を示す。単位　石高＝万石)

種別	大　名	旧封地・石高	新封地・石高	石高増加
外様	黒田長政*	豊前中津　18.0	筑前福岡　52.3	34.3
	細川忠興*	丹後宮津　18.0	豊前小倉　39.9	21.9
	加藤清正	肥後熊本　19.5	同　　左　51.5	32.0
	田中吉政*	三河岡崎　10.0	筑後柳川　32.5	22.5
	寺沢広高*	肥前唐津　8.3	同　　左　12.3	4.0
	稲葉貞通*	美濃八幡　4.0	豊後臼杵　5.0	1.0
	山内一豊*	遠江掛川　6.8	土佐高知　20.2	13.4
	加藤嘉明*	伊予松前　10.0	伊予松山　20.0	10.0
	藤堂高虎*	伊予板島　8.0	伊予今治　20.0	12.0
	生駒一正*	讃岐高松　6.5	同　　左　17.1	10.6
	福島正則*	尾張清洲　20.0	安芸広島　49.8	29.8
	堀尾忠氏*	遠江浜松　17.0	出雲松江　24.0	7.0
	中村一忠*	駿河府中　14.5	伯耆米子　17.5	3.0
	池田長吉*	近江国内　3.0	因幡鳥取　6.0	3.0
	小早川秀秋	筑前名島　35.7	備前岡山　51.0	15.3
	池田輝政*	三河吉田　15.2	播磨姫路　52.0	36.8
	京極高知*	信濃飯田　10.0	丹後宮津　12.3	2.3
	京極高次	近江大津　6.0	若狭小浜　9.2	3.2
	有馬豊氏*	遠江横須賀 3.0	丹波福知山 6.0	3.0
	浅野幸長*	甲斐府中　16.0	紀伊和歌山37.6	21.6
	富田知勝	伊勢安濃津 5.0	同　　左　7.0	2.0
	九鬼守隆	志摩鳥羽　3.0	同　　左　5.5	2.5
	古田重勝*	伊勢松坂　3.5	同　　左　5.5	2.0
	一柳直盛*	尾張黒田　3.5	伊勢神戸　5.0	1.5
	徳永寿昌*	美濃高松　3.0	美濃高須　5.0	2.0
	金森長近*	飛騨高山　3.8	同　　左　6.1	2.3
	真田信之	上野沼田　2.7	信濃上田　9.5	6.8

表6　関ヶ原合戦後の大名領地の増加（5万石以上の大名）

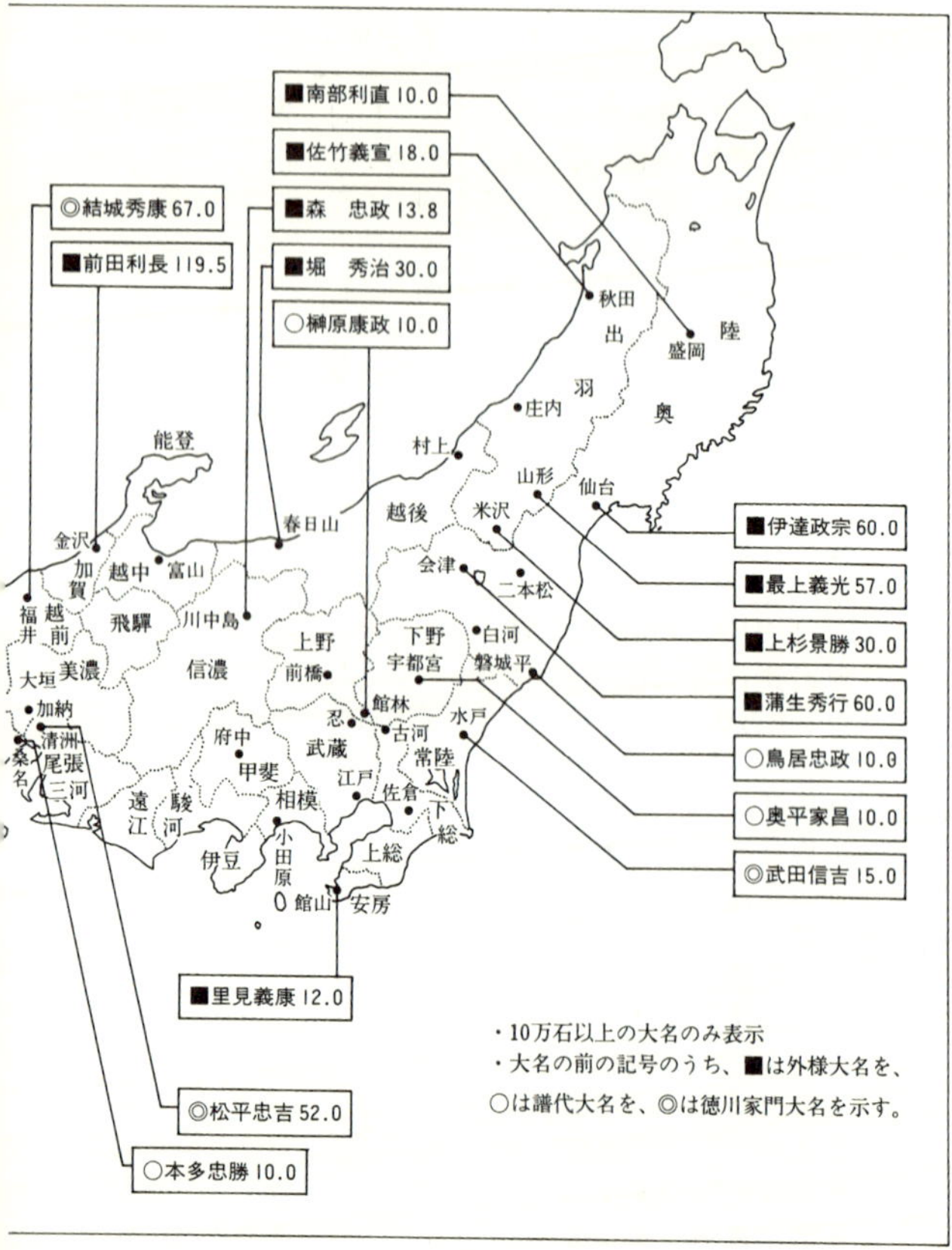
■南部利直 10.0
■佐竹義宣 18.0
◎結城秀康 67.0
■森　忠政 13.8
■前田利長 119.5
■堀　秀治 30.0
○榊原康政 10.0
秋田
出
羽
陸
盛岡
奥
庄内
村上
山形
仙台
米沢
能登
金沢
加賀
越中
富山
春日山
越後
会津
二本松
福井
越前
飛騨
川中島
信濃
上野
前橋
下野
宇都宮
白河
磐城平
大垣
美濃
加納
清洲
尾張
桑名
三河
遠江
駿河
府中
甲斐
忍
館林
武蔵
古河
水戸
常陸
江戸
佐倉
下総
相模
小田原
伊豆
上総
館山
安房
■伊達政宗 60.0
■最上義光 57.0
■上杉景勝 30.0
■蒲生秀行 60.0
○鳥居忠政 10.0
○奥平家昌 10.0
◎武田信吉 15.0
■里見義康 12.0
◎松平忠吉 52.0
○本多忠勝 10.0
・10万石以上の大名のみ表示
・大名の前の記号のうち、■は外様大名を、○は譜代大名を、◎は徳川家門大名を示す。

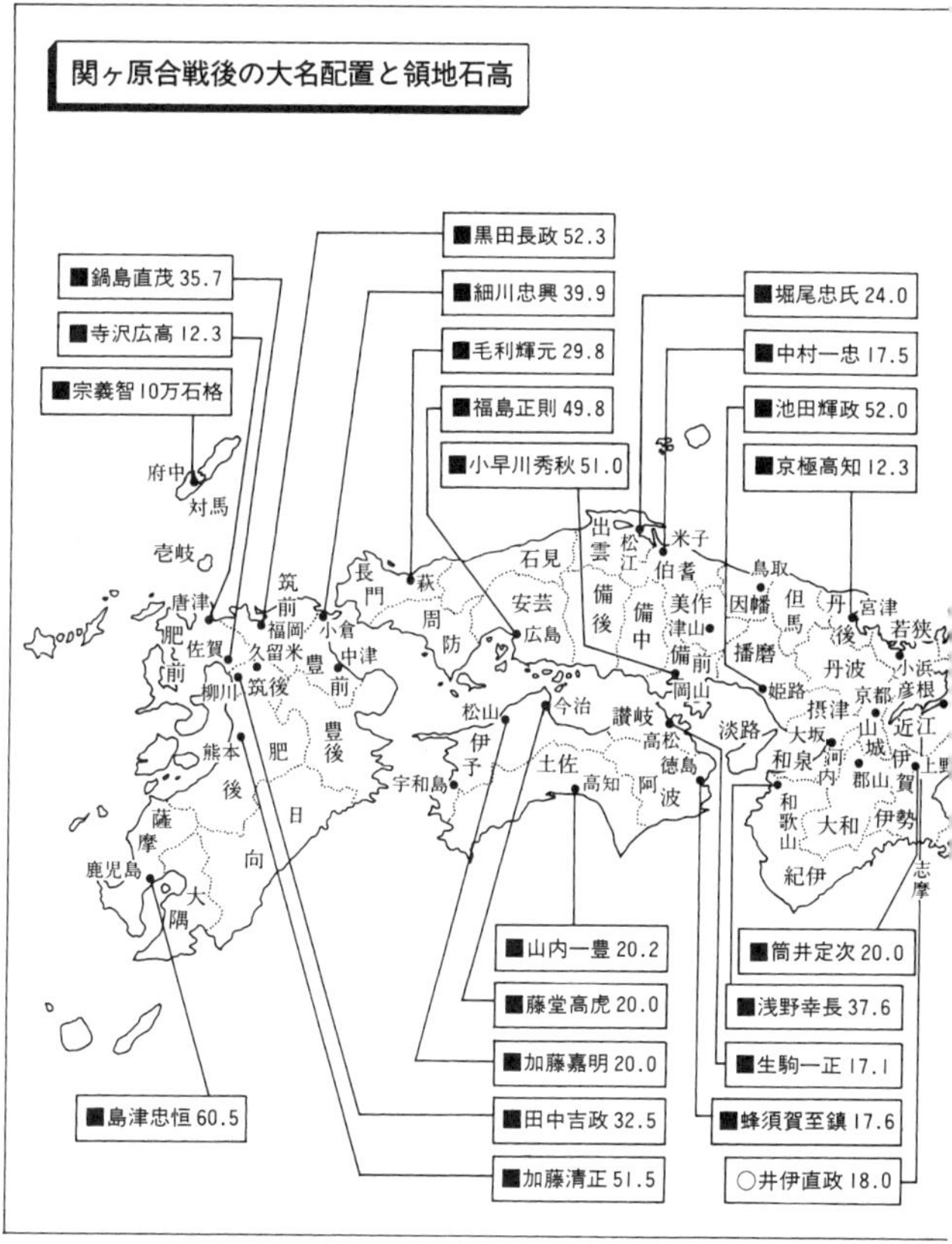
関ヶ原合戦後の大名配置と領地石高
■黒田長政 52.3
■鍋島直茂 35.7
■細川忠興 39.9
■堀尾忠氏 24.0
■寺沢広高 12.3
■毛利輝元 29.8
■中村一忠 17.5
■宗義智 10万石格
■福島正則 49.8
■池田輝政 52.0
■小早川秀秋 51.0
■京極高知 12.3
■山内一豊 20.2
■筒井定次 20.0
■藤堂高虎 20.0
■浅野幸長 37.6
■加藤嘉明 20.0
■生駒一正 17.1
■島津忠恒 60.5
■田中吉政 32.5
■蜂須賀至鎮 17.6
■加藤清正 51.5
○井伊直政 18.0
府中
対馬
壱岐
唐津
肥前
佐賀
柳川
筑前
福岡
久留米
筑後
小倉
豊前
中津
長門
萩
周防
石見
安芸
広島
出雲
松江
米子
伯耆
備後
備中
美作
津山
備前
岡山
鳥取
因幡
但馬
播磨
姫路
丹後
宮津
若狭
小浜
丹波
彦根
近江
京都
山城
摂津
大坂
河内
和泉
郡山
伊賀
伊勢
大和
和歌山
紀伊
志摩
淡路
讃岐
高松
徳島
阿波
土佐
高知
伊予
松山
今治
宇和島
熊本
肥後
豊後
日向
薩摩
鹿児島
大隅

家康の側近は記している。(3)

右に述べたような事実からも、関ヶ原の合戦における家康の勝利が、いかに彼らの力に依存していたかが了解されるであろう。

言ってみるならば、福島正則以下の豊臣系諸将らが実力をもって天下をもぎ取り、彼らの好意でもって、家康にこれを贈呈したといったしだいである。武威、武功が一切の政治的価値の源泉であるこの時代にあっては、これはまことに不本意な勝利、家康には苦い味わいの残り続ける勝利ではなかったか。

この関ヶ原合戦のありさまは、近世の徳川幕藩体制に対して深い刻印を施すこととなっている。この合戦の展開からして、この勝利に貢献した豊臣系諸大名には大規模な加増がおこなわれて、表6にあるように、それぞれ国持大名に昇格していった。

この戦いの結果、豊臣系の国持《くにもち》大名の領国は肥後（加藤）、豊前（細川）、筑後（田中）、筑前（黒田）、土佐（山内）、阿波《あわ》（蜂須賀）、讃岐《さぬき》（生駒）、伊予（藤堂・加藤）、安芸《あき》・備後（福島）、備前・美作《みまさか》（小早川）、播磨（池田）、出雲・隠岐（堀尾）、伯耆《ほうき》（中村）、丹後（京極）、紀伊（浅野）、若狭（京極）、加賀・越中・能登（前田）、越後（堀）、陸奥会津（蒲生）などに及び、じつに二十ヵ国以上、日本の三分の一の地域に豊臣系国持大名の領地が分布することとなったのである。

2　徳川幕府の成立

征夷大将軍職就任の意味

慶長八（一六〇三）年二月一二日、上洛中の徳川家康は伏見城に将軍宣下《せんげ》の勅使を迎えた。[4]このおりの宣旨は、征夷大将軍、右大臣（従一位）、源氏長者、淳和奨学両院別当《じゅんなしょうがくりょういんのべっとう》、牛車《ぎっしゃ》の礼遇、兵仗の礼遇などに関わる六種八通が一時に下されており、まことに前例を見ない盛りだくさんな内容であった。

この盛大に執り行われた、家康の征夷大将軍職就任のもつ政治的意味を考えなければならない。[5]それはとりもなおさず、関ヶ原合戦とはそののちの徳川幕藩体制にとって、どのような意味を有する政治現象であったかを問うことにほかならないからである。

関ヶ原合戦の勝利によって覇権を確立し、天下人としての地位を不動のものとした家康が、この将軍任官によって幕府を開設し、豊臣家にかわる徳川家の天下支配を制度的なかたちで確定したとするのが、これまでの常識的な理解であろう。

たしかにその理解自体に誤りがあるわけではないが、しかし今少し掘り下げて検討してみる必要がある。家康にとって関ヶ原合戦は軍事的勝利であり、覇者としての地位を確立した事件ではあったが、政治的な意味での勝利であったかについては、問題を数多く残していた

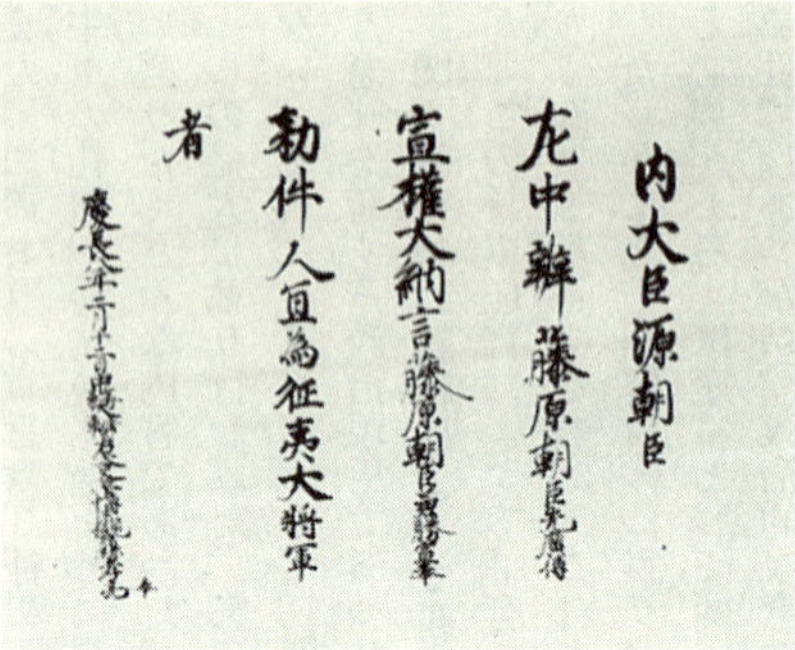

征夷大将軍任官の宣旨

からである。

すなわち同合戦における家康の勝利は徳川の力によってではなく、主として外様大名たる豊臣系武将たちの力によってもたらされた結果であったこと。それによって多くの豊臣系諸大名は国持大名に昇格していくことで政治的比重を高め、その領国は二十ヵ国以上におよぶにいたった。

そしてさらにその周囲には、戦国時代以来の旧族大名が蟠踞《ばんきょ》していることを忘れてはならない。すなわち島津（薩摩・大隅）、鍋島（肥前）、毛利（長門・周防）、伊達（陸奥仙台）、上杉（陸奥会津）、佐竹（出羽秋田）、最上（出羽山形）といった有力諸大名たちである。

いわゆる徳川幕藩体制はこのような政治状況の中から出発しているのであり、徳川家康の征夷大将軍への任官についても、また関ヶ原合戦より大坂の陣にいたる近世初頭の政治史、およびこの時期の国制の構造についても、以上のような事態を踏まえて理解を深めていく必要があるであろう。

秀頼成人のあかつきには……

関ヶ原の戦いにおいて家康は勝利はおさめたけれども、公式的な観点では彼はいまだ豊臣五大老の一人としての地位から抜け出してはいなかった。諸大名の家康への臣従は実力に由来する事実上のものでしかなく、家康が彼らに命令し、軍事指揮をなしうる権限論的根拠としては豊臣秀頼の後見者にして政務代行者としての地位に求めるほかはないのである[6]。

じっさい先述のように、関ヶ原の戦いののち家康は薩摩の島津氏の討伐を計画するが、そこでの軍役動員は「太閤様の御置目（掟、制法）のごとく[7]」とあって、豊臣秀吉の構築した政治体制の枠組みの中での支配でしかなかったのである[8]。

ここでわれわれは、このような事態の政治的意味について立ち入って考えなければならないが、この状態が放置されておくならば、どのような政治的状況が到来すると予想されるであろうか。

注意されなければならないのは豊臣秀頼の朝廷官位の問題であり、慶長五年九月の関ヶ原の合戦時点で、年齢八歳ながら従二位権中納言という高位にあった彼の官位が、戦後もなお停止することなく着実に昇進をつづけているという事実である[9]。この幼年での急速な官位昇進の意味することは、秀頼がやがて成人して関白職につくであろうことであり、そしてその時には、家康の政務代行権は吸収されて豊臣氏の政治権力が回復されていき、家康およびその子秀忠は、関白秀頼の意命に服さねばならなくなるような事態の訪れる可能性があるということである。

そしてさらに、家康が死去したあかつきには、豊臣氏による天下支配が名実ともに復活してしまうことが、強い現実性をもって予想させられるのである。

豊臣家が一大名に転落したというのは誤り

たしかに関白職については関ヶ原合戦の直後に、摂関家の一つ九条《くじょう》兼孝《かねたか》がこれに任官する[10]。これは天正一三年以来つづいていた豊臣家による関白職の独占を終わらせる出来事であり、当時の公家社会においてもこれを指して、「武家より摂家へ返さるゝの始め」[11]と称《とな》えられていた。

今谷明氏は、これをもって秀頼は関白に就任する可能性を絶たれ、摂河泉六五万石余の一大名に転落したという理解を示されているが[12]、しかしながらこれは以下に述べる諸事情、諸理由によって誤りとせねばならない。

九条兼孝の関白就任が豊臣家による関白職の独占体制を崩したという意味においては、もちろん豊臣家にとっては不利なことには違いないが、しかしこれは秀頼が成人した時点での関白就任を妨げることではないのである。

秀頼が一大名に転落したという解釈が誤りであることは、慶長八年の家康の将軍任官に際して、これと同時に秀頼の関白任官が行われるであろうと、世上で語られていたという事実によって端的に知ることができる。先の日記の「摂家へ返さるゝ」という語句を、豊臣家の関白就任の途が消滅したというふうに解しては、この事態の説明がつかないであろう。

すなわち毛利輝元は慶長八年正月一〇日付で国元にあてた書状において、秀頼の関白任官が取り沙汰されていることを報知している。また公家社会の側では醍醐寺三宝院の義演《ぎえん》がその日記のなかにこの風聞を、「秀頼卿関白宣下之事被二仰出一云々、珍重々々」とごく自然なかたちで、すなわちありうべきこととして記しているのである。[13]

このように秀頼の関白任官の可能性については、武家社会でも公家社会でもごく自然に受けとめられており、いずれ彼の成人とともに実現されていくことと了解されていたと考えられる。

豊臣秀頼（養源院蔵）

さらに関ヶ原合戦後においてなお、秀頼が将来は武家領主を統合する公儀の主宰者の地位に就くべき人間であると了解されていたことは、次の書状の文面からもあきらかである。それは慶長六年四月二一日付で伊達政宗が家康側近の今井《いまい》宗薫《そうくん》にあてたもので、そこには次のように記されている。

いかに太閤様御子に候とも、日本の御置目など取り行はるべき御人に御座なく候由、内府〔家康〕様御覧届け候はゞ、御国の二三ケ国も、またはその内も進《まいら》せられ候て、ながく／＼の御進退申され候て能候はん[14]。

すなわち、いかに秀吉公の御子であると言っても、日本国の法と政治を司ることのできる能力を有する人物ではないと家康様が見きわめられたならば、秀頼のための領国として二、三ヵ国か、あるいはそれ以下でも差しあげて、末ながくその領地と豊臣家を存続していかれるのが望ましいという内容である。

政宗は、幼少の秀頼を担ぎだして戦乱を企てる輩《やから》が出現しないともかぎらず、それは豊臣家にとっても不幸なことであるから、秀頼は家康のもとに引きとって養育していくべきだという文脈の中で語っているが、この文面にあきらかなように、秀頼は秀吉の嫡子であることによって、成人したあかつきには、統一政権の主宰者の地位に就くべく約束されているのだということが、武家領主の間では自明の前提となっている。

そしてまた家康は——実力的にはもちろん第一人者だが——、あくまで秀頼の補佐者なのだという認識もこの書状の文面には含意されている。

そもそも伊達政宗は無二の家康派である。しかもこれは家康側近にあてた書状であって、親豊臣家の人々に対して気づかう必要もない書面なのである。そのような条件の下でなお、秀頼を公儀の主宰者の地位からはずそうとすることについて、かくも慎重な言いまわしに終始しているという事実に留意しなければならない。

秀頼が、成人したならば公儀の主宰者の地位に就くという了解は、関ヶ原合戦後においてもなお存続していたのである。そしてその際、秀頼が関白職に就任することになるであろうことも、慶長八年前後の風聞のあり方から無理なく推測されるところである。

じっさい、関ヶ原合戦によって家康の覇権が確立されて後もなお、慶長八年までの年始の礼では在京諸大名は秀頼を先として、家康はその後なのであり、慶長七年の場合では家康は年礼のため、伏見城からわざわざ大坂城まで参向するといったしだいであった[15]。

つまり家康の覇権確立は、ただちには豊臣氏の政治的権威の失墜を意味していないのであって、公儀の礼的な秩序・序列においては、依然として豊臣秀頼が首長の地位を占めていたのである。

ことに関ヶ原で家康に与同してその勝利に多大の貢献をなし、そののちも家康に随従してきた福島正則、加藤清正、浅野幸長以下の豊臣系諸大名は、家康個人の武将としての器量に惹かれ、家康が彼らの大名領主としての運命を託すべき指導者であることは認めていたが、しかしながら豊臣秀頼に対する忠節はこれと別個の問題として、彼らのあいだでは持続されていた。秀頼は依然として彼ら豊臣系大名たちにとっての主君であった。

権威の簒奪――将軍型公儀の成立

すなわちこの政治体制の中において、覇者としての家康と徳川家が豊臣家を超えて行っている支配はあくまでも実力支配であって、家康個人の力量によって実現されてはいるが、しかし同時に永続性を欠いた不安定な支配、秀頼の成人と関白就任、そして家康自身の死とともに消失してしまう恐れを多分に含んでいた。

さればこそ家康は、その意味において自前の天下支配の正当性、徳川家の永続的な支配を保障してくれる制度化された支配の体系を構築する必要があったということである。関白職を基軸として豊臣秀吉の構築した公儀の体制と、その下での大老、すなわち豊臣当主の従臣、補佐者、権限代行者という政治支配の枠組みを脱却して、みずからを頂点とする別の政治体制、すなわち豊臣公儀に代わる徳川公儀を構築する必要があった。そして、それが征夷大将軍の官職を基軸に据えたものとなるであろうことはまったく自然に導きだされた。

第一に征夷大将軍職という朝廷官職が、幕府を開設して独自の政権を構築しうる権能をもつことについては、鎌倉・室町の両幕府によってその伝統と先例が形成されていた。

第二に、征夷大将軍は「武家の棟梁《とうりょう》」としての地位が確立されていたから、武家領主のうえに君臨して天下支配を実現するには、この官職が圧倒的に有利であった。そして関ヶ原の合戦において、家康の覇権、軍事的な勝利者、第一人者としての地位は疑いの余地なく証明されたのであるから、武人の最高の栄誉である征夷大将軍の職に就くことに異議をさしはさむ余地もなかった。

第三に、武家領主なら誰でも希求するこの官職に就任するに際して、家康にはほとんど何の障害もなかった点があげられる。豊臣秀吉の将軍職への任官希望をさまたげた足利将軍家はすでに名実とも消滅していて、この官職は空席であった[16]。豊臣家の幼主秀頼は将来の関白職をめざしており、徳川による将軍職の獲得はさしあたり豊臣家への敵対を意味しないから、これに非難をうける心配はなかった。

以上が将軍職を家康が選択した表面的な理由であろうが、しかしながら第四として、家康が征夷大将軍職に就いて幕府を開いたことには、より巧妙な政治的効果があった点が注意されなければならない。すなわちここに形成された将軍職を基軸とする政治体制、すなわち徳川公儀、将軍型公儀と称すべき体制は、大坂の豊臣氏を頂点とする豊臣公儀、関白型公儀とは別個に存在するのだから、後者の政治的権威をなんら侵すことはないという名目の下に、全武家領主の首長としての豊臣秀頼の地位に対する、家康の事実上の簒奪《さんだつ》を、隠蔽《いんぺい》する効果をもっているということである。

すなわち豊臣家の支配体制とは別個のところに、家康を首長とする将軍型公儀を形成し、全武家領主を臣従せしめて、その支配体制に包摂してしまうならば、実質的には秀頼と豊臣家が有していた政治的地位に対する簒奪にほかならないであろう。だが征夷大将軍という官職が放つ権威の輝きに幻惑されて、このような事態の本質が隠されてしまうのである。

これは家康が秀頼に対して行った臣従誓約（第一章参照）を破棄した、という非難をかわすことができるとともに、諸大名側、とくに豊臣系の諸大名——加藤清正・福島正則・浅野幸長ら——の側にとっても、家康と徳川家に臣従することを可能にした。倫理的にも、心理的にもである。

すなわち将軍は「武家の棟梁」であるから全武家領主がこれに臣従するのは当然であり、しかもそれは関白型公儀の主としてある豊臣家に対する忠誠とは矛盾しないとする観念である。将軍は純粋の軍事職として、全武家領主に対する軍事的統率権を有することは伝統的に確立された観念であるが、他方、関白は天皇の代行者として日本全国に対する一般的な統治権的支配の権限を有する存在であるがゆえに、権限論的には将軍と並立する形で、武家領主一般に対する支配を行使しうるとする考えが成り立ちうる。

武家領主の側から言うならば、将軍たる家康の意命に服しても、潜在的に関白職に就くべく予定されている豊臣秀頼の臣下として、従前どおりあることは充分に両立しうることとする観念が形成されることになる。こうして豊臣系諸大名は豊臣秀頼に対する忠誠を維持したままで、かつ徳川家康に臣従することが可能となったのである。じっさい、慶長八年の家康の将軍就任から、同二〇年の大坂の陣での豊臣氏の滅亡までの期間は、二重公儀、二重封臣関係の時代として位置づけることができるであろう。

3　二重公儀体制

通説の盲点

この点はこの時期の国制の性格を考えるうえで、また大坂の陣の位置づけをなすうえで重要な問題である(17)。

関ヶ原の合戦における家康の覇権確立、そしてそれにつづく将軍任官と徳川幕府の開設という事態のなかで、従来は豊臣秀頼の政治的地位が失墜し、摂河泉三ヵ国六五万石余の一大名に貶《おとし》められるにいたったと理解されている。

しかし私見ではこの理解に大きな誤りがあるように思われる。家康が将軍宣下を受けて幕府を開いてもなお、将軍と幕府の政治的支配から独立した、別の種類の政治体制、すなわち豊臣秀吉が構築した関白型公儀の政治体制が解体されずに持続されており、豊臣秀頼はこの関白型公儀に君臨する者としての権威を、依然として保持していたと理解すべきなのである。以下の諸事実が示しているであろう。

豊臣秀頼に対する伺候の礼

慶長八年の徳川幕府開設以後も、加藤・福島らの豊臣系諸大名はもちろん、上杉景勝・島津家久や前田利常のような外様大名までも、大坂城の豊臣秀頼に対して歳首を賀し、伺候の礼を取りつづけていたという事実がある(18)。

上杉景勝の大坂の秀頼に対する伺候については、『上杉家御年譜(19)』に次のような記述のあることを見る。

慶長八（一六〇三）年一一月一九日　上洛ののち大坂に至り秀頼に拝謁
同　九（一六〇四）年　一月一日　元日未明に大坂に赴いて新年の賀儀を述べる
八月一六日　大坂に至り帰国の御暇の礼
同一〇（一六〇五）年　三月上旬　上洛ののち大坂に赴く
四月一二日　秀頼の右大臣昇進の賀儀のため大坂に赴く。在伏見の諸大名もこれに赴く

上杉景勝は関ヶ原合戦の原因をなした中心人物であり、戦後は命脈は保ったけれども、家康と幕府に対してもっとも気を遣わねばならぬ立場にあるはずである。その景勝が、上洛すれば必ずといってよいほどに、大坂におもむいて秀頼に伺候の礼をとるのを常としていた。

また同じく関ヶ原合戦で家康に敵対した島津家の当主島津家久（忠恒）の伺候については次の、慶長一〇年七月二一日付の幕臣山口直友の書状[20]から知ることができる。

昨日は和〔和久甚兵衛〕甚兵衛進上申候、秀頼様御礼被二仰上一候哉、定《さだめて》而御仕合可レ然御座候ハんと存候、御出船之様子承度存候、（中略）目出度御帰国之御吉左右奉レ待存候、猶奉レ期二後音之時一候、恐惶謹言

七月廿一日　　山口駿河守
　　　　　　　　直友（花押）

陸奥守様
　参人々御中

右の書状の文意は、昨日は御機嫌うかがいのために、和久甚兵衛を差し向けました。秀頼様への御礼の御挨拶はなさいましたでしょうか。さだめし首尾よく済まされましたことと存じます。薩摩への帰国の御出船の様子を承りたく存じます、という内容である。

この慶長一〇年の四月には、徳川秀忠の将軍襲職と、豊臣秀頼の右大臣の任官があり、諸大名は相次いで上洛して伏見にあったが、先の『上杉家御年譜』にあるように、在伏見の諸大名は大坂に赴いて、秀頼に祝賀を述べている。右の書状もこの時のもので、幕臣で島津と

の取りつぎ役である山口直友が島津家久の帰国に際して、家久が秀頼に帰国の御礼を首尾よく済まされたかを問うているのである。ここでは外様大名である島津氏が豊臣秀頼に伺候の礼を取ることが、幕臣の側からも、何の不自然さもなしに語られていることに留意しなければならない。

なおこの関連として、秀頼家臣の小林家孝（家鷹）から国許の島津義弘（家久の父）にあてた同年六月二九日付の書状には「秀頼様へ御礼仰せ上げられ、御前御仕合よく御座候て、珍重存候、御成人の趣、少将様〔島津家久〕御雑談あるべく候間、申し入るゝに及ばず候[21]」と記されている。

すなわち島津家久は秀頼様へ御礼の挨拶を仰せあげられ、秀頼様の御前の首尾もよろしく珍重に存じます。秀頼様の御成人の様子などは家久様からお話もあることでしょうから、私からは申すにも及ばないことでしょう、という文面である。

また加賀前田家の場合については、前田利常が襲封を秀頼に告げるために慶長一〇年六月二八日に大坂に赴いたとしている[22]。

もっとも諸大名は徳川家への遠慮から、しだいに大坂の秀頼のもとへの表立った伺候を控えるようにはなっていったが、それは幕府から禁じられたり、あるいは特定の時点で消滅してしまうといった性格のものではなかった。家康という重石が取りはずされるならば、そして慶長一〇年四月時点で、十三歳ながら朝廷官位が正二位右大臣にまで昇った秀頼が、やがて成人して関白に任官していくならば、往時にかわらぬ華やかさを回復しうるとじゅうぶんに期待されえたのである。

勅使・公家衆の大坂参向

次に歳首の賀儀のため慶長八年以後も毎年、朝廷から勅使が大坂の秀頼のもとに派遣されており、さらに親王・公家・門跡衆も参向していたという事実がある。[23] 一例を示せば、慶長一四（一六〇九）年の場合、正月一七日に勅使が大坂城に赴いて秀頼に太刀、馬一疋《いっぴき》を贈り、さらに八条宮智仁親王、前関白二条昭実、前関白鷹司信房《たかつかさのぶふさ》、大炊御門《おおいみかど》大納言以下の多くの公家・門跡が大坂に赴いて、秀頼に祝詞を述べていた。これは慣例によるとはいえ、後陽《ごよう》成《ぜい》天皇を長とする朝廷では家康の将軍任官ののちもなお、豊臣秀頼と豊臣家は依然として従前の政治的地位を保持していると見なしていたことを示している。なおこの習慣は慶長一六年に即位の後水尾《ごみずのお》天皇の代になってもつづけられ、同一九年の大坂の陣の年にまでいたっている。

千姫の大坂入輿

次に、慶長八年七月、家康がその孫娘千姫《せんひめ》を大坂城の秀頼のもとに嫁がせた問題がある。これは亡き秀吉との約束の履行で、婚姻政策による豊臣―徳川の友好関係の確立であり、他面では千姫を人質として送ることによって、豊臣家の安全を保障する意思の表明でもあった。これはとくに豊臣系諸大名の懸念を払拭する意味を有していたと思われる。千姫の大坂城入嫁は、豊臣―徳川両公儀の協調的統一の象徴《シンボル》としての意義を担った出来事として位置づけられるであろう。

この千姫の入嫁問題について朝尾直弘氏は、家康が秀頼の舅になったことを意味しており、家康は家父長的な支配を豊臣家全体に対しておし及ぼすにいたったと指摘されているが(24)、このことも換言するならば家康―秀頼関係が、たんなる将軍―大名間の主従関係とは別の性格を備えていることを示している。

家康はこの時点では姻戚関係に基づいて、徳川―豊臣両家（徳川将軍家と豊臣関白家）の融合一体化による、公儀の頂点形成を構想していたのではないかと想像される。

いま一つ、この千姫の輿入《こしい》れに際して諸大名が祝賀のために大坂城に参集しているという事実がある。婚姻に際して諸大名が当該居城へ参集しているという状態は、あきらかに豊臣秀頼がたんなる一大名以上の者であることを物語っている。そしてさらに重要なこととして、この機会に福島正則の主唱によって、参集の諸大名が秀頼に対して異心なき旨の誓詞を秘かにしたためた、との風評が立っていた事実に注目しなければならない(25)。

秀頼への普請役賦課の回避

徳川幕府は諸大名に対して、江戸城・駿府城・伏見城以下の普請《ふしん》の課役を、大名軍役に準じるかたちで賦課していったが、しかし豊臣秀頼に対しては、そのようなかたちで賦課することがなかった。

ただ慶長一二年三月の駿府城普請に際して、「この五百石夫、大坂秀頼公領分へも同然相配られ相下る也」とあって、秀頼の領地に対しても石高五〇〇石に人夫一人の課役が賦課されたが、これは公家や寺社の所領に賦課されるのと同性格の課役であり、「畿内五ケ国、丹波、備中、近江、伊勢、美濃、当給人知行ならびに蔵入合十ケ国ノ人夫也[26]」とあるように、幕領（「蔵入」）・私領の別なく一国平均に賦課される国役としてであった。

すなわち通例の普請役は、いわゆる大名御手伝《おてつだい》普請のかたちをとっており、軍役と同様に大名に対して課役が命じられ、大名は自己の家臣団および人足をひきいて当該普請に従事するのである。ここでは将軍─大名の間の主従関係が前提となるのであり、別言すれば、この時期の城普請についての大名普請役の賦課と履行は、徳川将軍と幕府への服従の態度表明という意味を有していた。

これに対して一国平均役としての国役《くにやく（こくやく）》は、このような将軍との主従関係の有無に関わりない、国家行政的な租税としてである。それは幕府領も一般私領（公家領・寺社領・大名領・旗本領）も、すべての土地に対して一律に扱われる性格のものであり、公家・寺社の領地に国役が賦課されても、それらが将軍の従臣でないのと同様に、豊臣家の領地への国役賦課は、秀頼が徳川将軍家の従臣たることを意味しない。

直接の大名普請役と一国平均役としての国役には、このような性格の違いが存在する以上、秀頼領への国役賦課は逆に、秀頼に対する直接の大名普請役の回避と、徳川将軍家に対する臣従の強制を差し控えたことを意味している。豊臣氏は自余の諸大名とは別格であり、徳川将軍と幕府の支配体制に包摂されない存在であることが示されることになる。

太閤蔵入地の支配

豊臣氏の政治的支配はいわゆる摂河泉六五万石余の領地をこえて行われている可能性がある。すなわち慶長八年一一月、大和国の法隆寺の行人《ぎょうにん》方と律学衆の紛争に対して、豊臣氏よりその処分を行っているのが、その徴証である(27)。

さらにより確実に知られるのは、讃岐生駒領内にある太閤蔵入地《たいこうくらいりち》の算用の問題である。徳川幕府成立後の慶長九年時点(28)において、大坂城の淀殿と豊臣家の家老である片桐且元《かたぎりかつもと》がその算用に関与している事実がある。

讃州内御蔵米御勘定状事(29)

一、壱万五千石　　天正拾八年、文禄元年、同弐年、合三ケ年分、日損由御理分

右渡方

一、三百九拾石　伏見にて御普請、生駒讃岐守手前人数弐千六百人宛、三十日迄、日々壱人五合ヅツ、但犬塚平右衛門尉・大久保十兵衛尉・牧助右衛門尉印判有之

一、四千石　慶長八年三月一日、金子百枚上之、壱枚に付て四拾石かへ、大坂にて

一、二千二百五石　金子四拾五枚上之、但壱枚に付て四拾九石かへ、大坂にて

一、三千五百九拾五石五斗　銀子三拾九貫五百五拾目三分上之、但壱石に付て拾壱匁ツヽ、大坂にて

一、百六拾六石六斗五升　銀子壱貫八百三拾三匁弐分上之、壱石に付て十一匁ツヽ、大坂にて

一、六百四拾弐石八斗五升　右渡方合壱万弐千八百五拾七石一斗五升、さぬきより大坂へ船ちん、石別五升

一、千五百石　御袋様より壱万五千石の十分一御赦免分

合壱万五千石

皆済《かいさい》

右生駒《いこま》雅楽頭《うたのかみ》御代官の時、三ケ年日損に付て、御理にて残し置れ候へども、御手前より右

の分御運上候内、十分一御赦免なされ、相残る分皆済也

慶長九年三月廿八日

片桐　市正《いちのかみ》（花押）

生駒讃岐守殿

これは生駒親正の讃岐領地内にある旧太閤蔵入地一万石について、その天正一八年、文禄元年、同二年の三ヵ年分の年貢米一万五〇〇〇石の収支勘定を慶長九年になって報告した算用状である。これに関連して、同蔵入地の慶長三年分、慶長四年分の蔵米算用状が残されているが、いずれも勘定の責任が、豊臣の家老である片桐且元の手によってなされていること、この蔵米が大坂に運ばれていること、さらに右に掲載した史料では、この勘定のうち、一〇分の一の一五〇〇石の免除が「御袋様」、すなわち大坂城の淀殿の裁量によってなされていること、これらの事実を見るならば、慶長八年の徳川幕府成立以後もなお豊臣家は、全国に散在している旧太閤蔵入地に対する支配権を保持していたと考えられる。

二条城の会見における礼遇

次に慶長一六（一六一一）年の京都二条城における家康と秀頼の会見の問題がある。同年三月二七日、後陽成天皇は譲位して後水尾天皇が即位したが、この即位の賀式のために家康

はもとより、西国諸大名も京都に参集し、さらに大坂城の豊臣秀頼に対しても家康は出京をうながした。秀頼の身の危険を案じる淀殿は難色を示したが、加藤清正と浅野幸長らによる秀頼の安全の保障を条件として応諾した。大坂城を出た秀頼は加藤・浅野両名の供奉警固のもとに京都に至り、二条城において家康と会見するにいたった(30)。

この会見のおりの家康と秀頼の応対、所作、礼儀作法を注意深くながめるならば、両者の政治的位置関係を知ることができるであろう。この時の会見の模様について『当代記』は、次のように記している(31)。

廿八辰刻秀頼公入洛、則家康公の御所二条へ御越、家康公庭上まで出給ふ、秀頼公慇懃に礼謝し給ふ、家康公座中へ入り給ふ後、秀頼公庭上より座中へ上り給ふ、まづ秀頼公を御成の間へ入れ申し、その後、家康公出御あり、互の御礼あるべきの旨、家康公曰《のたま》ふと云《いえ》共《ども》、秀頼公堅く斟酌あり、家康公を御成の間へ出し奉り、秀頼公は礼を遂げ給ふ、膳部かれこれ美麗に出来けれども、かへつて隔心あるべきかとて、ただ御吸物まで也、大政所、これは秀吉公の北の御方也、出で給ひ相伴《しょうばん》し給ふ、やがて立ち給ふ、右兵衛督〔徳川義直〕・常陸介〔徳川頼宣〕途中まで相送らる。(後略)

これに拠るならば、秀頼が二条城に至ったとき、家康はみずから庭上まで出てこれを迎え入れ、「御成の間」という同城御殿の最高の座席に通している。そののち家康が出座して、「互いの礼」、すなわち家康―秀頼が対等の立場での礼儀を行うべきこと（礼法上のいわゆる「両敬」）を提案したが、秀頼は遠慮してこれを固辞し、家康に「御成の間」を譲ってこれに拝礼したという内容であったと理解される。家康に「御成の間」を譲ったということは、秀頼は家康に最初に対面したときには、上座の位置を占めていたということになるであろう。

このように見るならば二条城における両者の会見は、これまでの論著の多くが説いているような、秀頼が家康に臣従を余儀なくされるにいたったとする理解はあたらないように思われる。

家康は秀頼に対して最高の礼遇で迎え入れており、臣従の強制などとはおよそ趣を異にしている。秀頼は家康に対して拝礼を行っているが、これは自発的に採られたのであり、臣従礼ではなくて、舅に対する孫聟の、および朝廷官位における正二位の者の従一位に対する謙譲の礼と見るべきである。

さらに秀頼の退出に際して、別の史料では家康は次の間ないし玄関まで、秀頼を見送っていったとしており、幕府正史の『徳川実紀』の記述もまたそれを採っている。[32]

これら諸点よりして、二条城会見は徳川幕府に対する秀頼の臣従を強制したという性格のものではなかったと判断される。家康が庭上まで出迎えてはじまったこの会見のありさまは、むしろ秀頼と豊臣家とが徳川幕府の臣下ではなくして、それと対等の政治的存在であることを明示していたと言ってよいであろう。

家康が本会見に求めたことは、豊臣と徳川の友好一体のありさまを印象づけて、親豊臣系の諸大名が徳川体制に対して全面的に恭順していくような状況をつくり出そうとするところにあった。そしてそのあらわれが、三ヵ条誓詞の問題である。

慶長一六年の三ヵ条誓詞

次に、慶長一六年に徳川幕府の発した三ヵ条誓詞の問題がある。

すなわち右の二条城の会見によって豊臣―徳川間の融和が謳われ、また秀頼が徳川の城である二条城に赴いて家康に拝礼をしたことから、両者の関係では、徳川将軍を頂点とする政治体制の優位が確定したと受け止められた。そしてこの事実を踏まえて、同四月一二日、徳川幕府は三ヵ条の法令を定め、京都に参集している西国の諸大名から「誓詞」を徴するかたちでその遵守を命じた。次のとおりである。[33]

条々

一、如二右大将家以後代々公方之法式一、可レ奉レ仰レ之、被レ考二損益一而、自二江戸一於レ被レ出二御目録一者、弥《いよいよ》堅可レ守二其旨一事

一、或背二御法度一、或違二上意一之輩、各国々可レ停二止隠置一事

一、各拘置之諸侍已下、若為二叛逆殺害人一之由、於レ有二其届一者、互可レ停二止相拘一事

右条々、若於二相背一者、被レ遂二御糺明一、可レ被レ処二厳重之法度一者也

慶長十六年四月十二日

豊前宰相
忠興（花押）

越前少将
忠直（花押）

［中略―一八名］

鍋島信濃守
勝茂（花押）

金森出雲守
可重（花押）

以上のように、この三ヵ条誓詞は第一条で、鎌倉幕府の源頼朝（右大将家）以後の代々の将軍の法度はこれを遵守しなければならないこと。さらにこれを今日の時世にあわせたかたちに修正して発布する徳川幕府の法令は守らねばならないとした。そして、第二条は法度や上意に背く者の隠匿禁止、第三条は謀叛人・殺害人の拘置禁止の規定であった。

そしてこの三ヵ条誓詞には、この時に京都に参集していた主要大名二十二名、すなわち細川忠興、松平忠直、池田輝政、福島正則、島津家久、森忠政、前田利常、毛利《もうり》秀就《ひでなり》、京極高知、京極忠高、池田利隆、加藤清正、浅野幸長、黒田長政、藤堂高虎、蜂須賀至鎮、山内忠義、田中忠政、生駒正俊、堀尾忠晴、鍋島勝茂、金森可重が連署した。

この三ヵ条誓詞は翌慶長一七年正月には、上杉景勝、松平忠直、丹羽長重、伊達政宗、立花宗茂、佐竹義宣、蒲生秀行、最上義光、里見忠義、南部利直、津軽信枚《つがるのぶひら》ら東国の大身大名十一名が連署して提出し、さらに譜代・外様を含めた中小の大名五十人も同様の誓詞を提出した。(34)

すなわち幕藩体制下のほとんどの大名がこの三ヵ条誓詞に署名しているが、豊臣秀頼がこれには含まれていないという事実が問題となる。(35)すなわち豊臣秀頼は別格であり、徳川将軍の支配下に編入される存在ではないということを、はしなくもこの誓詞は明示しているのである。

秀頼が二条城で家康と会見した出来事は、秀頼が家康に臣従した、ないしはその政治的支配下に入ったということを意味していない。それはあくまで豊臣―徳川の融和であり、別言すれば、豊臣は徳川より劣位におかれるが、なお徳川の政治体制とは別個の政治体制の主宰者として存在することを確認したこととなっているのである。

以上に述べてきた諸理由によって、徳川幕府の成立にもかかわらず、豊臣秀頼と豊臣家は幕府の支配下に包摂される摂河泉六五万石余の一大名に転落してしまったのではなくて、独自の支配体制の主宰者として、徳川幕府と並立する存在であったことを推定しうる。豊臣秀頼と豊臣家はこの時点では微力ではあるが、潜在的には関白型公儀を実現し、その首長として君臨しうる政治能力を保持した存在なのであった。この慶長八年から同二〇年までの間を、国制的には二重公儀体制として把握すべきとするゆえんである。

第五章　むすびに——関ヶ原合戦の歴史的意義

1　徳川か、豊臣か

関ヶ原合戦と国制

関ヶ原合戦の事実過程と、それがもたらした合戦後の政治体制については以上に見てきたとおりである。関ヶ原の合戦はたんなる徳川と豊臣の抗争というだけのものではなかったし、また同合戦における東軍の勝利をもって、家康の覇権と、徳川幕府による天下支配の体制が確立されたということを、ただちに意味してはいなかった。

関ヶ原合戦とは、豊臣政権が直面し、その内部において胚胎した国制上の矛盾や葛藤の所産であり、その大規模な決着を踏まえて、徳川幕藩体制という新たな国制を形成していくうえでの条件醸成の状況としてとらえることができるであろう。

しかるがゆえに関ヶ原合戦のなかには、それに先行した国制の矛盾点、問題点を凝集した姿で看取することができるとともに、他方では、それに続く新たな国制が備えるであろう政治的性格の基本をも認識しうるということである。

本書はこのような観点において関ヶ原合戦の分析をすすめたものであるが、その結論をいま一度まとめるならば以下のようになるであろう。

東軍の軍事的構成

関ヶ原合戦の性格は、同合戦における参加者の軍事的配置に端的に表されている。家康のひきいる東軍は、徳川系将士のほかに多数の豊臣系将士を抱えた混成部隊であったというのが実態であり、しかも徳川秀忠のひきいる徳川主力軍がここに参加する機会を逸してしまったために、東軍の主力がむしろ豊臣系将士の方に求められるという際だった現象を呈することとなった。

そして家康の周囲にあった三万余の軍勢は徳川の主力軍ではなかった。徳川の主力軍(「本隊」)ではない。「本隊」はあくまで総大将たる家康に直属する部隊)は徳川秀忠がひきいて中山道を進んでいたのであった。家康の言に「我ら家中の人持分の内、少も大身なる者共をハ、大形秀忠に附て木曾路へ差越し、我ら事ハ旗本の侍共ばかりを召連」とあるとおりなのである。関ヶ原における徳川勢力のうちで、豊臣系諸将の軍勢に伍して戦闘に対して積極的に参加しえたのは、前線に配備された井伊直政とその女婿たる松平忠吉がひきいる兵六千余ほどにすぎなかった。

徳川秀忠のひきいる部隊は、これに先立つ会津討伐のおりの陣立てでもそうであったが、徳川の精鋭部隊から構成されているがゆえに徳川の主力軍と目すべきものであり、徳川軍全体の先鋒をつとめる役割をになった存在であった。それであればこそ、この石田方（西軍）との合戦に際しても家康隊と合流したのちに、徳川軍の先鋒として立ち働くことが想定されていたと思われ、このことは関ヶ原の合戦においては、兵数六千余にとどまった井伊直政と松平忠吉の部隊の位置に、本来は秀忠のひきいる徳川主力軍三万余が布陣して、東軍先鋒の中央軍を形成するであろうことを意味していたのである。

もしそうなっていたならば、関ヶ原の合戦はまぎれもなく徳川の戦いであり、東軍の勝利は徳川の勝利にほかならなかったであろう。しかし現実はそうではなかった。家康は徳川主力軍の不在のままにこの合戦に臨まねばならなかったのである。

この二つのケースの政治的落差は、はかりしれないほどに大きかったというべきであろう。

豊臣系国持大名が輩出

この結果、関ヶ原合戦の論功行賞は東軍の主力をなした豊臣系武将たちを第一として行われることとなった。彼らは西軍から没収した六三二万石余の領地の八〇パーセント強にあたる五二〇万石余を獲得し、それぞれ大身の国持大名へと昇格していった。

国持大名とは、律令制国郡の一国一円規模で領地を有する大名で、ただに領地が大なるのみならず、身分と格式の高さを誇り、政治的権能の面でも自余の武家領主から卓絶した強大な存在であった。そして彼ら豊臣系武将大名たちの領地は西国を中心として実に二十ヵ国以上にのぼり、日本全国の三分の一が彼らによって占められるにいたったのである。

しかもその周囲にはさらに、島津・毛利・伊達・最上・佐竹などといった戦国大名の系譜をひく旧族の外様大名が蟠踞《ばんきょ》していた。徳川家の勢力は一門・譜代の大名まで含めても関東から近江国あたりまでの地帯を支配するにとどまった。たしかに徳川の譜代大名の数は増大したけれども、その多くは三万石クラスのものであって、支配領域の広大さの観点では外様大名のそれに到底およばない。

これが関ヶ原合戦後の地政学的構造の基本をなすものであって、徳川幕府の天下支配やまた徳川幕藩体制の政治的関係といった問題も、このような状態を前提にしてあったということを理解しなければならない。

太閤様の御置目のごとく

このように関ヶ原の合戦とは、たんに徳川と豊臣の争いというだけにとどまるものでもなかったし、家康の軍事的勝利がただちに家康と徳川家に、豊臣家にかわる天下支配の権をもたらすものでもなかったのである。

同合戦において、家康の勝利のために多大の貢献をなしたのは徳川武将たちではなく、むしろ豊臣系武将たちであった。彼らは家康の武人としての器量に惹かれ、家康が彼らの大名領主としての運命を託すべき指導者であることを認めればこそ、家康の側に立って関ヶ原の合戦を闘ったのであった。

しかし福島正則が今次の戦いに際して、「秀頼公へ御疎意なくば何時なりとも家康の味方を仕るべし」と語ったと伝えられるように、豊臣系武将の多くはなお豊臣家と豊臣秀頼に対する忠誠の念をそれとは別個の問題としてとらえていた。

豊臣家と秀頼を頂点とする公儀の体制のなかで、家康が秀頼を補佐して第一人者としてあることは彼らも支持していたが、この枠組みを解体して徳川の政権に移行してしまうことは容認するところではなかった。

そしてこの豊臣家と秀頼に対して忠誠を誓うべき豊臣系勢力が、関ヶ原の合戦における勝利に対して絶大な貢献をなしたということ、そして合戦後に相次いで国持大名に昇格していくことで、むしろ従前に比してその政治力と軍事力を高めていったという状況を考慮するならば、家康が合戦後も「太閤様の御置目《おきめ》のごとく」として、豊臣秀吉が構築し、秀頼のために残した豊臣本位の公儀の枠組みを侵すことなく尊重していったのも、賢明な態度と言わねばならないであろう。

家康のクーデター？

家康の将軍任官と徳川幕府の開設の問題も、このような政治的脈絡のなかで理解される必要がある。これまでこの問題の独自の意義が立ちいって考察されることがなかったように思われる。

関ヶ原の合戦における東軍の勝利をもって、ただちに家康の勝利と見なしてきたこれまでの常識的な観点では、その勝利によってもたらされた家康と徳川家の天下支配の事実を、将軍任官と幕府の開設という荘厳な形式でもって制度的に確定していった、という図式でこれを理解するにとどまることになるであろう。

しかし関ヶ原の合戦における、家康の勝利の内容がすでに見てきたようなものであり、かつ合戦後の政治状況が右に述べたようなものであることを考慮するならば、この問題はたんなる形式上の制度整備にとどまらない、より複雑な性格を備えた事象として理解する必要があるであろう。

それは少なからずクーデター的な要素を帯びており、豊臣家と秀頼を頂点とする政治支配の枠組みを脱して、徳川家と家康を頂点とする新たな公儀の形成を企図した行為なのであった。

しかもこの事実上の政権簒奪は、征夷大将軍という伝統的官職の権威の輝きに隠されるかたちで遂行されている。征夷大将軍は伝統的に「武門の棟梁」としてあるのだから、全武家領主がこれに臣従するのは当然であるとして、彼らをその支配下に編入してしまうのである。しかも豊臣家の幼主秀頼は将来の関白をめざしており、徳川による将軍職の獲得は前者の政治的権威をなんら侵すものではないという名目のもとに、この事実上の政権簒奪を平和裡に実現しているのである。

そしてこの手法は多くの豊臣系の武将大名たちにとっても、豊臣秀頼に対する忠誠を持続したままで、なおかつ同時に「武門の棟梁」としての家康に臣従することを倫理的に可能にするものであったことから、彼らの支持をも無理なく取りつけられる性格を有していたのである。

豊臣家滅亡を画策せず

こうして将軍職を軸に構成された家康の政権すなわち徳川の将軍型公儀と、他方では豊臣秀吉が構築し、なお潜在的にはその制度上の力を持続させている関白職を基軸とする豊臣の関白型公儀とが併立するかたちで、慶長年間の政治体制はあった。そして豊臣系武将をはじめとする武家領主たちは、双方の公儀の下に包摂され、両属するかたちで存在していたのである。二重公儀体制と呼ぶゆえんのものである。

このように家康の政権獲得の方途は、豊臣家と秀頼の従前の政治的権威を極力侵さずして、かつ巨大な政治的・軍事的な影響力を有する豊臣系諸大名の支持を獲得しうるかたちを模索していくところにあったと言えよう。

家康は自己の将軍任官と幕府の開設が、豊臣家に対する敵対行為として受けとめられることを緩和すべく、同じ慶長八年七月にその孫娘の千姫を大坂城の秀頼のもとに輿入れさせることによって、徳川、豊臣両家の友好関係を内外に示そうとした。

そもそも秀頼生母の淀殿と、第二代将軍秀忠の正室にして千姫の生母であるお江与《えよ》の方(崇源院)は、ともに信長の妹のお市《いち》の方《かた》の娘として実の姉妹であり、秀頼と千姫はいとこの関係にある。家康はこのような姻戚関係を重ねることを通じて徳川―豊臣両家(徳川将軍家と豊臣関白家)の血縁的な融合一体化をはかり、それによる公儀の頂点形成をめざしていたのではないかと想像される。

ここで敢えて家康の名誉のために述べておくならば、家康のこの時期の対豊臣政策の態度を子細に検討してみる場合、一般に言われるような、豊臣家に対する抑圧と滅亡を画策するがごとき動きはこれを認めることはできないということである。

それどころか家康は、豊臣家と秀頼の存在を尊重し、秀吉の時代から保っていた政治的権威が維持されるように多大の配慮をなしているのである。その詳細については第四章に見たとおりである。家康は、秀吉の臨終の床における秀頼の行く末についての懇願を、どこまでも律儀に守っていったように思われる。

それはさまざまの事柄のなかに示されているが、とりわけ印象深いのは慶長一六年の二条城での両者の会見の模様であろう。この会見における家康の秀頼に対するこのうえない丁重な心配りのありよう、また秀頼と対面しえたことについての率直な喜びの感情の流出、これらは家康の友好的態度を肯定的に受けとめるべき心証をもたらすのである。そしてまた秀頼の時勢をよくわきまえた謙譲の態度も立派であったし、家康はなおのこと一層の満足感をもってこれを嘉《よみ》したことであろう。

二条城の会見の次第は、まったく家康が希望したとおりの最善のかたちで終始したのであった。家康はたしかにこの時点では、徳川―豊臣の一体的友好を永続しうるという確信を強くしたことであろう。

そうであればこそ大坂の陣は何故に生じたのか、それが大きな問題となってくる。事件の発端となったとされる「国家安康」「君臣豊楽」の銘文をもつ方広寺《ほうこうじ》の梵鐘《ぼんしょう》は、こぼたれることもなく今も京都東山の地にその姿をとどめている。

大坂の陣は、政治構造の観点からした場合、私が提示した慶長期の二重公儀体制の議論によって、その不可避性が無理なく説明しうることであろう。すなわち、政治体制の中心点が一つではなく、二つ存在することからくる矛盾と葛藤の構造的な対立の問題として理解することができるということである。秀頼と豊臣家が関ヶ原合戦後にたんなる一大名に転落していたとしたならば、生ずる必要も必然性も無かったということである。

それはそれとして一つの理解であろう。しかし人間的な観点からしたとき、家康の豹変はまったく理解不能であると言わねばならない。政治構造的な必然性があるからとて、人はそのようにも変わりうるのであろうか。私はこの問題を不可解な謎として残しておきたい。

2　近世の国制へ

家督継承の教訓

関ヶ原合戦をさらに、近世の徳川幕藩体制一般に対して及ぼした影響の観点からしたときには、次のような諸問題をあげることができるであろう。

家康は関ヶ原合戦から多くの教訓を学びとり、それを彼の政治のあり方や政治体制の中に反映させている。

その一つは、家督継承の問題であろう。豊臣家の命とりとなったのが関白秀次事件であった。秀吉とて、実子秀頼が誕生したからといってむげに秀次を排斥するものではなく、秀次の女子を秀頼に配偶することで両者の絆を固め、しかして秀次に譲った家督と関白職とが秀頼に伝わっていくことを期待した。

しかし結局のところ、この継承が無事になされうるかに不安を拭いきれなかったところから、秀次の一類の族滅という常軌を逸した所為に踏みこんでいく。そこには秀吉の老いのあせりと、それにともなう専制権力者の歯止めのきかない暴走が見られるのであり、それが結局は秀頼と豊臣家の滅亡をもたらしていくのであった。

家督継承のあいまいさと一時の感情への惑溺《わくでき》が、当該武家領主の家の内紛と分裂をひき起こし、ついには自滅にいたることの危険を痛感した家康なればこそ、この問題にはことのほか意を用いた。嫡長子の単独相続をもってこの問題における不動の原則とし、感情に流された恣意《しい》的な家督継承によって内紛が発生することを防止した。

秀忠の後継者をめぐる竹千代（家光）と国松（忠長）の競合と、嫡長子をもって継承者とすべしとする家康の裁定はよく知られたところである。将軍秀忠に対して不遜の態度をとる庶子松平忠輝《まつだいらただてる》を配流に処したのも同様の観点からであった。

譜代重臣との合議を基本に

関ヶ原合戦の原因の一つをなし、豊臣家の自壊をもたらしたのは豊臣家の家臣団内部の対立、すなわち五奉行ら吏僚派と武功派との反目であった。

家康はこの経験に鑑《かんが》みて、政務にたずさわる執政職をはじめとする吏僚には譜代重臣家の者をなるべくあてるようにして、徳川家当主＝将軍と譜代重臣層との合議運営を政治の基本とした。

家康自身は慶長一〇年以降は大御所として駿府に隠居のかたちをとり、その側近には茶屋《ちゃや》四郎次郎《しろうじろう》や僧天海《てんかい》・崇伝《すうでん》、三浦按針《みうらあんじん》（ウィリアム・アダムズ）といった新参の多彩な顔ぶれがそろっており、政務は本多正純《ほんだまさずみ》の独り執政の状態であった。しかしながら後継者であり現任将軍である秀忠については、執政職には大久保忠隣《ただちか》・本多正信・内藤清成・青山忠成・土井利勝・酒井忠世といった三河領国時代以来の譜代重臣家の出自の者を複数配して、秀忠とこれら譜代重臣との合議の体制を作った。

こうして権力の相互チェックの機能を高めることで、将軍や特定の執政職の者が専権をふるって家中を混乱におとしいれるような事態を防止し、政治の永続的な安定をはかった。

そしてまた、このような体制をしくことで政権の中枢の重みが増し、武功派家臣に対しても睨《にら》みをきかせることで、家臣団全体の管理を効果的に行うことができたのである。

政権中枢から有力諸侯を排除

以上の二点は徳川家および幕府内部の問題であるが、さらに全国的な政治体制の問題が導き出される。

秀吉政権は全武家領主および全国全領土に対する支配をすすめるにあたって、徳川家康をはじめとする有力な大身大名の協力を不可欠とした。関白秀次事件による政治的亀裂を修復するために事件直後に発布された、豊臣政権の基本法とも目すべき「御掟」「御掟追加」は、徳川家康・前田利家・毛利輝元らの大身大名たちの連署によって命ずるかたちをとった。

これは後の五大老制につらなっていく問題であるが、それ以外に朝鮮出兵に際しても家康・利家の連名で指令した文書があり、また文禄四年七月の起請文には「坂東法度、置目、公事篇（中略）家康申付けべく候、坂西之儀は輝元幷に隆景申付けべく候」とあって、政権の全国政策の遂行に際して家康および毛利輝元らに大きな役割を分担させる体制であった。

このような大身大名の政権への関与は、その全国支配の政策をすすめていくうえにおいて不可避であったが、しかしそれは政権が彼ら有力大名たちによって牛耳られてしまう危険をともなってもいた。じっさい、豊臣政権は彼ら五大老と五奉行たちとのあいだで繰りひろげられたヘゲモニー闘争のなかで自壊していったのであるから。

ここからして家康は徳川幕府の政治に、外様および一門の有力大名が介入することを防いだ。よく知られた、領地を有する者には権力を与えず、権力を有する者には領地を与えずという徳川家の政治原則を示すものであるが、しかしながらこの政権中枢からの有力諸侯の排除という施策は、当然のことながらその全国支配のあり方を、豊臣政権のそれとは根本的に異なった形をもって構成せざるをえなくするのである。

幕藩体制の礎

前項にのべた問題は、徳川幕府の政治の基本をなす、諸大名家の家内部およびその領地に対する不介入の原則と裏腹の関係にあるといってよいであろう。そしてこれは関ヶ原合戦が近世の徳川幕藩体制に及ぼした政治的帰結のうち、もっとも重要なものの一つなのである。

すなわち関ヶ原合戦に集約された課題であり、豊臣系諸大名が家康と同盟することとなった原因として、豊臣政権中枢の吏僚層の推進する中央集権政策、大名領内・大名家内部への干渉・統制の問題があった。家康はこれら分権派、大名領有権の擁護の立場の代表格と見なされていたのである。

たとえば薩摩の島津家において、中央の秀吉政権の中枢ときわめて近しい関係を有しており、秀吉政権の対島津政策の導入者の役割を担っていた重臣の伊集院忠棟を島津忠恒（家久）が成敗する事件があったが、家康は忠恒の処置を支持したのである。

家康はまた、秀吉政権の下で大名領内に楔《くさび》として打ちこまれていた太閤蔵入地を、関ヶ原合戦の前後に順次に解消していったと思われる。また大名への領地宛行《あてがい》において、秀吉のそれに見られた大名家中の重臣たちの知行分を指定する様式は姿を消して、徳川政権では大名宛に一括宛行うかたちとなっていることも、そのあらわれと理解することができよう。

徳川幕府のこのような不介入主義の原則は、三代将軍家光の寛永一〇（一六三三）年の「公事《くじ》裁許定《さいきょさだめ》」（『御当家令条』五一八号）に「国持之面々、家中幷に町人・百姓目安之事、その国主仕置次第たるべき事」と明文化されており、国持大名クラスの大身領主の領内政治については、幕府は原則的に干渉しない態度をあきらかにしている。

これもまた関ヶ原合戦の政治的帰結として理解されるべき事象である。関ヶ原合戦における家康の勝利が、外様大名である多くの豊臣系武将たちの武功によってもたらされたという事実、また同合戦が豊臣政権下における国家統治の方式をめぐる葛藤の所産であり、家康に対する輿望がこの問題についての政治的選択と無関係ではなかったという事実を想起する必要があろう。

以上に述べたように関ヶ原合戦は、その後の社会のあり方や政治体制に対して深い影響を及ぼしているのである。

関ヶ原合戦が歴史の過程のなかで果たした役割は、徳川幕府による日本全土に対する一元的で中央集権的な支配体制を確立したことではなく、むしろさまざまな局面において、分権的で多元的な政治秩序をその後の近世社会に対して付与したことにあるように思われる。

関ヶ原合戦の歴史的意義は、以上に述べたように、すぐれて高度に政治的な問題として、封建国家の統治形態、国制構造にかかわる根本問題としてとらえる態度が必要なのである。

註

はじめに

(1)本書で対象とする関ヶ原合戦の全過程にわたる日時、場所、人数などの事実関係、経過については『朝野旧聞裒藁』(『内閣文庫所蔵史籍叢刊』特巻、汲古書院、一九八三)、参謀本部編『日本戦史・関原役』(村田書店、一九七七)にもっぱら依拠している。ことに関ヶ原の合戦をふくむ各地の戦闘の経緯については後者の『日本戦史・関原役』に依拠しており、とくに断らない限り同書の記述にしたがっている。

これらの他にも、徳富蘇峰『近世日本国民史・関原役』(講談社学術文庫、一九八一)、今井林太郎『石田三成』(吉川弘文館人物叢書、一九六一)、二木謙一『関ヶ原合戦』(中央公論社、一九八二)、小和田哲男編『関ヶ原合戦のすべて』(新人物往来社、一九八四)所収の諸論文、藤井治左衛門『関原戦史』(西濃印刷、一九二六)、同『関ヶ原合戦史料集』(新人物往来社、一九七九)、『関ヶ原町史』通史編上巻(関ヶ原町、一九九〇)などを参考にした。

第一章

(1)豊臣政権の概略については林屋辰三郎『天下一統』(『日本の歴史』12、中央公論社、一九六六)、桑田忠親『豊臣秀吉研究』(角川書店、一九七五)、藤木久志『織田・豊臣政権』(『日本の歴史』15、小学館、一九七五)、朝尾直弘『天下一統』(『大系・日本の歴史』8、小学館、一九八八)、熱田公『天下一統』(『日本の歴史』11、集英社、一九九二)などを参照。

(2)徳富蘇峰『近世日本国民史・豊臣秀吉(一)』(講談社学術文庫、一九八一)第一四章「長久手戦争の顚末」、参謀本部編『日本戦史・小牧役』（村田書店、一九七七）、長久手町史編纂委員会編『長久手町史・資料編六、長久手合戦史料集』（長久手町役場、一九九二）。

（3）朝尾前掲『天下一統』一六一ページ以下、拙稿「家康の戦略——検証・関ヶ原の合戦」（『創造の世界』八三号）、今谷明『武家と天皇』（岩波新書、一九九三）四四、五二ページ。秀吉が朝廷官位を獲得したはじめは天正一二年一〇月であり、それ以前の年時の叙任記録は遡及したものであることは朝尾氏によって論証されている。

（4）二木謙一「秀吉政権の儀礼形成」（桑田忠親編『豊臣秀吉のすべて』新人物往来社、一九八一）一四九ページ。

（5）今谷前掲『武家と天皇』五〇ページ。

（6）朝尾直弘「豊臣政権論」（『岩波講座・日本歴史』近世1、岩波書店、一九六三）、石毛忠「豊臣秀吉の政治思想」（桑田忠親編『豊臣秀吉のすべて』）。これは後述の秀吉の「惣無事」令に基づく天下統治の方式と関わる問題でもある。関白職が天皇の代行者として日本全国に対する「進止」の権を有すること、しかもそれは天皇より「御剣」を預かるかたちで軍事的権能としてこれを行使することが、秀吉によって謳われている。これは伝統的な公家的ないし律令的な関白職の観念とは異なる秀吉独自の内容のものである。このような政治的内容をもった関白職を基軸にして、公家・寺社の勢力と武家領主層との公武両界を支配すべく構築された統一政権が、豊臣秀吉の公儀（関白型公儀）の政治的性格である。

（7）『駒井日記』文禄三年四月一三日条（『改定史籍集覧』第二五冊。藤田恒春編増補版、文献出版、一九九三）。

（8）天正一五年五月九日付、豊臣秀吉直書［島津義久宛］（『大日本古文書・島津家文書』三四五号、東京大学出版会）。

（9）藤木久志『豊臣平和令と戦国社会』（東大出版会、一九八五）

(10)朝尾前掲「豊臣政権論」、小林清治「『奥羽仕置』と城わり」(『福大史学』二八号)

(11)森山恒雄『豊臣氏九州蔵入地の研究』(吉川弘文館、一九八三)第三章「薩摩島津領内設置の蔵入地」二三七ページ以下。

(12)伊東多三郎『近世史の研究』第四冊(吉川弘文館、一九八四)「水戸藩の成立」、藤木久志『戦国大名の権力構造』(吉川弘文館、一九八七)二〇二ページ以下、山口啓二『幕藩制成立史の研究』(校倉書房、一九七四)七一ページ以下。

(13)山田哲好「常陸国における太閤検地の実態」(『史料館研究紀要』一〇号)

(14)藩政史研究会編『藩制成立史の綜合研究——米沢藩』(吉川弘文館、一九六三)第四章第二節「検地」一三四ページ以下。

(15)速水佐恵子「太閤検地の実施過程」(『地方史研究』六五号)

(16)朝鮮出兵問題については藤木前掲『織田・豊臣政権』、朝尾前掲『天下一統』二七二ページ以下、上垣外憲一『空虚なる出兵—秀吉の文禄・慶長の役』(福武書店、一九八九)を参照。

(17)三鬼清一郎「朝鮮役における軍役体系について」(『史学雑誌』七五—二)

(18)文禄・慶長の役における各地の戦争の経緯については参謀本部編『日本戦史・朝鮮役』(村田書店、一九七七)、徳富蘇峰『近世日本国民史・豊臣氏時代・朝鮮役』(時事通信社、一九六四)を参照。

(19)三鬼清一郎「太閤検地と朝鮮出兵」(『岩波講座・日本歴史』近世1　岩波書店、一九七五)、同『鉄砲とその時代』(教育社歴史新書、一九八一)

(20)三鬼清一郎「御掟・御掟追加をめぐって」(『日本近世史論叢』上巻、吉川弘文館、一九八四)

(21)中村孝也『新訂徳川家康文書の研究』中巻(日本学術振興会、一九八〇)二一一、二六六、二七〇ページ。

(22)桑田忠親『豊臣秀吉研究』(角川書店、一九七五)三五九ページ以下。

(23)以下の論述は拙著『近世武家社会の政治構造』(吉川弘文館、一九九三)四八ページ以下に拠る。
(24)中村孝也『家康伝』(講談社、一九六五)二九二ページ。
(25)朝尾前掲『天下一統』三三五ページ以下。
(26)高木昭作「江戸幕府の成立」(井上光貞他編『日本歴史大系3　近世』、山川出版社、一九八八)
(27)藤野保編『佐賀藩の総合研究』(吉川弘文館、一九八一)二一八ページ以下。
(28)「慶長三年『豊臣秀吉の遺言覚書』」(中村前掲『新訂徳川家康文書の研究』中巻、三〇九ページ)
(29)参謀本部編前掲『日本戦史・関原役』五ページ。
(30)徳富蘇峰『近世日本国民史・関原役』(講談社学術文庫、一九八一)第三章一〇。
(31)栗田元次『江戸時代史・上巻』(内外書籍『綜合日本史大系』一七巻、一九二七。復刊　近藤出版社、一九七六)
(32)『朝野旧聞裒藁』慶長四年正月一九日、二二日条。
(33)『日本戦史・関原役』一〇、一一ページ。
(34)『朝野旧聞裒藁』慶長四年二月二九日条。
(35)徳富前掲『近世日本国民史・関原役』
(36)『寛政重修諸家譜』(続群書類従完成会、一九六七)第二輯、三〇一ページ「細川忠興」。
(37)中村前掲『家康伝』三一一ページ。この七将は中村氏が指摘されるように、同年閏三月五日付の本問題に関する家康の書状の宛所に列記された七名とするのが妥当であろう。同書状は七将側からの三成糾弾に関する返書である。このおりの家康書状は二通あり、ともに本事件の実態をあきらかにする第一次史料として重要なものであるので次に掲げる(『譜牒余録』巻二二「松平安芸守」―国立公文書館内閣文庫蔵)。

被入御念御飛札、祝着之至候、此方ぇ人数召連被罷越候由、被仰越候、相意得申候、弾正［浅野長政］具可被申候、猶自両人可申候間、不能具候、恐々謹言

後三月五日　　家康　御判

浅野左京大夫［浅野幸長］殿

重而御折紙被入御念之通、祝着之至候、如仰此方ぇ被罷越候、尚替儀候は従是可申入候、其地御番之儀、両人如被申候被成之由、尤候、万事能様肝要存候、委細井伊兵部［井伊直政］かたより可申候、恐々謹言

閏三月五日　　家康　御判

丹後少将［細川忠興］殿
蜂須賀阿波守［蜂須賀家政］殿
清洲侍従［福島正則］殿
藤堂佐渡守［藤堂高虎］殿
黒田甲斐守［黒田長政］殿
加藤主計頭［加藤清正］殿
浅野左京大夫［浅野幸長］殿

(38)『看羊録』（東洋文庫、平凡社、一九八四）一六八ページ以下。
(39)『朝野旧聞裒藁』慶長四年閏三月四日条。
(40)『朝野旧聞裒藁』慶長四年閏三月一〇日条、『譜牒余録』巻五「松平越前守」。
(41)中村孝也『新訂徳川家康文書の研究』中巻、四〇四ページ。

(42)同、四〇六ページ。
(43)中村前掲『家康伝』
(44)参謀本部編前掲『日本戦史・関原役』一六ページ。
(45)三上参次『江戸時代史』(二)(講談社学術文庫、一九七六)一三一ページ以下。

第二章

(1)参謀本部編前掲『日本戦史・関原役』、徳富前掲『近世日本国民史・関原役』、三上前掲『江戸時代史』(二)、栗田前掲『江戸時代史・上巻』。
(2)『朝野旧聞裒藁』慶長五年五月三日条、『古今消息集』第三冊(国立公文書館内閣文庫蔵)、『関原軍記大成』巻五(国史研究会叢書、一九一六)所収。この直江書状を後人の偽作とする説もあるが、次註の『古今消息集』所収の豊臣家中老奉行連署状の文面と内容的に符合しているところからみて、信頼してよいのではないかと思われる。ただし直江状の文末にある追而書《おってがき》の「万端御下向次第可仕候」という挑発的文言は、後代の偽作挿入のおそれなしとしない。
(3)慶長五年五月七日付、豊臣家中老奉行連署状[家康宛](『古今消息集』第六冊)。
(4)参謀本部編前掲『日本戦史・関原役』五四ページ以下、『朝野旧聞裒藁』慶長五年六月一六日条。
なお関ヶ原合戦における兵数を正確に挙示するのは困難であるが、以下の叙述で記している兵数の算定根拠は、この会津征討軍の軍役人数が「百石に三人」(「慶長五年四月二七日付、島津義弘書状[島津義久宛]」—『旧記雑録』所収)とされたのに求められている。
(5)慶長五年七月二一日付、細川忠興書状[松井康之宛](『細川家記』)。
(6)慶長五年八月二〇日付、黒田如水書状[吉川広家宛](『大日本古文書・吉川家文書』一、一五三号)。
(7)『朝野旧聞裒藁』慶長五年七月一九日条。

(8)『朝野旧聞裒藁』同年七月二一日条。
(9)『日本戦史・関原役』五七ページ以下、『朝野旧聞裒藁』同前条。
(10)『関原軍記大成』巻七所収。本文書はもとより取扱いに慎重を要するものではあるが、しかしながら偽文書であると断定しうる根拠も見いだしがたい。本文にある「天ノ与ト令祝着候」という表現が奇妙にも見えるが、これは三成の他の確実な文書（同年八月五日付、三成書状［真田昌幸他宛］─米山一政編『真田家文書』上巻［長野市、一九八一］五五号）にも出てくる彼独特の言葉遣いであって問題ない。また時期的にも、先述の直江状の存在を考えるならば、この時点で兼続が三成に働きかけることで両者のあいだで書状の往復がはじまっていても問題ないであろう。
(11)慶長五年七月一四日付、吉川広家書状［榊原康政宛］（『大日本古文書・吉川家文書』二、九一二号）。
(12)中村前掲『新訂徳川家康文書の研究』中巻、五一四ページ。
(13)米山一政編『真田家文書』上巻、四五号「七月一七日付、三奉行連署状［真田昌幸宛］」（長野市、一九八一）。
(14)中村前掲『新訂徳川家康文書の研究』中巻、五一七ページ。
(15)徳富前掲『近世日本国民史・関原役』
(16)西軍については三成の手で作成された「備え人数書」が残されている（米山編前掲『真田家文書』上巻、五六号。藤井編前掲『関ヶ原合戦史料集』二〇九ページ以下）。それによれば大坂に参集して畿内近国で戦っている西軍総勢を一八万四九七〇人としている。
(17)『朝野旧聞裒藁』慶長五年六月一八日条。
(18)『朝野旧聞裒藁』同年七月一九日条。
(19)『朝野旧聞裒藁』同年七月二四日条、『関原軍記大成』巻六。
(20)『朝野旧聞裒藁』同年七月二五日条。なお『古事談』なる一書によれば、このとき家康は、山岡道阿弥、岡野江雪の両名をもって参集の諸大名に上方の情勢について説明させたところ、福島正則が第一番に発言して「秀頼公へ御疎意なき中は」、いつにても家康公の御味方を仕るとその意思を表明し、ついで黒田長政、さらに末座の徳永寿昌が正則の発言に同意の旨を述べたので、座中一同は家康に与同することに決した。そして山岡・岡野の両名がこの旨を家康に伝えたところ、家康ははなはだ悦喜したと伝えている。

この記事は、山岡・岡野の両名が家康の御馬前の供奉であるという事実に合致しており、さらに前日に家康の命によって正則の事情を説明したのが、次註に記したように黒田と徳永の両名であったことが知られるので、この『古事談』の記述は信憑性が高いと言いうるであろう。『関原軍記大成』はこの『古事談』の内容をそのまま採用している。

(21)『朝野旧聞裒藁』同年七月二四日条。
(22)註20に同じ。
(23)『新訂徳川家康文書の研究』中巻、五二四ページ。
(24)『譜牒余録』巻二五「松平土佐守」。
(25)『落穂集』(内閣文庫蔵)、『譜牒余録』巻五「松平越前守」。
(26)『朝野旧聞裒藁』同年七月二四日条。
(27)同年八月七日付家康書状［伊達政宗宛］(『新訂徳川家康文書の研究』中巻、五六一ページ)。
(28)徳富前掲『近世日本国民史・関原役』第一一章四八。
(29)参謀本部編前掲『日本戦史・関原役』二四七ページ。
(30)同年八月二二日付で家康が政宗に与えた所領宛行状(本章註37参照)において、家老衆への宛行が特に明記されているのもそのあらわれであろう。
(31)石田三成ら四奉行と輝元、秀家の六名にあてた同年八月二五日付の上杉景勝書状では「急速関東へ不罷出候儀、所存千万候、併来月は佐竹相談、是非可及行候」と関東進出の決意を述べている（米山編前掲『真田家文書』上巻、五九号）。なおこれは文書正文である。
(32)中村前掲『新訂徳川家康文書の研究』中巻、七九六ページ。
(33)久保田昌希氏はこれらの家康書状の多くが諸将への返書としてあることから、むしろ諸将の側からの家康への政治的接近が顕著であった点を指摘されている（「関ヶ原合戦における家康の戦略と戦術」―小和田前掲『関ヶ原合戦のすべて』四一ページ）。
(34)中村前掲『新訂徳川家康文書の研究』中巻、五七二ページ。
(35)『譜牒余録』巻二〇「細川越中守」。
(36)中村前掲『新訂徳川家康文書の研究』中巻、五八一ページ。
(37)『大日本古文書・伊達家文書』一〇、三二八二号。
(38)『朝野旧聞裒藁』同年七月二九日条。
(39)同年七月一四日付、吉川広家書状［榊原康政宛］（『大日本古文書・吉川家文書』二、九一二号）。
(40)前掲『大日本古文書・吉川家文書』一、一四六号。
(41)『大日本古文書・吉川家文書』一。
(42)前掲『吉川家文書』一、一四七号。
(43)井伊直政、本多忠勝連署誓詞（前掲『大日本古文書・毛利家文書』三、一〇二〇号）。
(44)慶長五年九月一七日付、吉川広家書状［毛利輝元宛］（前掲『吉川家文書』九一三号）に「此御和談之事ハ、先両人斗［吉川・福原］存候」とある。
(45)徳富前掲『近世日本国民史・関原役』第一六章七四。
(46)『関原軍記大成』巻一九。
(47)『朝野旧聞裒藁』第二四巻「別録、庚子丹後国田辺城攻守始末」。

(48)同第二一巻「別録、庚子近江国大津城攻守始末」。
(49)慶長五年八月二一日付、島津義弘書状［吉田美作守宛］（『旧記雑録』）に「立花殿ハ千三百之役ニて候へ共、四千程被召列候」とある。
(50)同年八月五日付、三成書状［真田昌幸他宛］（米山編前掲『真田家文書』上巻、五五号）に「従越後［堀秀治］も無二に秀頼様御奉公可申旨申越候（中略）偽も有之ましく候」とある。また註31所引の上杉景勝書状にも「羽久太［堀（羽柴）久太郎秀治］へも令入魂旨申届候、一揆等も相静候、溝口、村上両人之儀は前廉より無別儀候事」とある。
(51)『朝野旧聞裒藁』第二三巻「別録、庚子陸奥国会津領攻撃始末」。
(52)小林清治『伊達政宗』（吉川弘文館人物叢書、一九五九）一〇四ページ以下。
(53)『朝野旧聞裒藁』第二一巻「別録、庚子伊勢国諸城始末」。
(54)藤井前掲『関ヶ原合戦史料集』二八四ページ。
(55)『朝野旧聞裒藁』第二四巻「別録、庚子豊後国攻撃始末」。
(56)同年九月一六日付、黒田如水書状［藤堂高虎宛］（『高山公実録』）に「今度切取候分、内府様以御取成を、秀頼様より拝領仕候様に、井兵［井伊兵部少輔直政］被仰談、御肝煎頼存候、数年無御等閑は此節に候」とある。ただしこのような事態になっていても、領地給与の主体は、あくまで豊臣秀頼として意識されている点は注意をしなければならない。

第三章
(1)慶長五年八月八日付、本多正純書状［黒田長政宛］（『譜牒余録』巻二一「松平右衛門佐」）。
(2)同年八月四日付、家康書状［福島正則宛］、同［浅野幸長宛］（中村前掲『新訂徳川家康文書の研究』中巻、五五一、五五二ページ）。

(3)『譜牒余録』巻二一「松平右衛門佐」、『黒田長政記』（黒川真道『軍記類纂』所収、国史研究会、一九一六）

(4)『朝野旧聞裒藁』慶長五年八月九日条。

(5)『慶長年中卜斎記』中之巻（『改定史籍集覧』第二六冊）。

(6)『朝野旧聞裒藁』第二〇巻「別録、庚子美濃国岐阜攻城始末」、『武功夜話』（新人物往来社、一九八七）巻二一「濃州岐阜稲葉山御城責取りの事」。

(7)『福島大夫殿御事』（『改定史籍集覧』第一五冊）

(8)同年八月二二日付、井伊直政注進状［本多正信他宛］（『大日本古文書・伊達家文書』二）。

なおこの下流方面軍の兵数について、参謀本部編前掲『日本戦史・関原役』はおよそ一万六千としているが、これは上流方面軍がおよそ一万八千としているのに対して過小であるのはあきらかであり、かつこのおりの下流方面軍は、基本的にそのまま関ヶ原合戦時の先鋒に配備されているから、本書ではその概数を三万人とした。

(9)前掲「美濃国岐阜攻城始末」之一。

(10)『譜牒余録』巻二〇「細川越中守」。

(11)前掲「美濃国岐阜攻城始末」之八、『武功夜話』巻二一、四一二ページ。

(12)同年八月二三日付、織田秀信感状（参謀本部編前掲『日本戦史・関原役』附録・古文書）、『関原軍記大成』巻一七。

(13)諸書には福島正則が秀信の助命を主張したとあるが、家康の書状には「三左衛門〔池田輝政〕好を以、種々懇望候而、身命相助事」と見える（中村前掲『新訂徳川家康文書の研究』中巻、六五〇ページ）。

(14)前掲「美濃国岐阜攻城始末」之一三。

(15)『朝野旧聞裒藁』第二〇巻「別録、庚子美濃国江渡追撃始末」。

(16)『朝野旧聞裒藁』同年九月一日条。
(17)同年八月二七日付、家康書状［池田輝政宛］、同［福島正則宛］、同［藤堂高虎、黒田長政、田中吉政他宛］（中村前掲『新訂徳川家康文書の研究』中巻、六三四〜六三七ページ）など。家康はさらに九月一日の正則、輝政連名あての書状で、「我々御待専一候、聊爾之軍なと被成候ハぬ様尤候、為其以早飛脚申候」と戦闘行動の休止を早飛脚まで使って強く求めている（同六五八ページ）。
(18)『朝野旧聞裒藁』同年八月二四日条。なおこの三万八千人余の軍勢のうち、信州上田の真田に対する押さえのために一部を割き、また木曾路が峻険なことから十五歳以下の若輩者の同道が禁じられており、それらの分の減少が見られる。
(19)軍陣における「備」の概念については拙著『近世武家社会の政治構造』一六七ページ以下参照。
(20)『譜牒余録』巻二二「松平右衛門佐」。また同日付で一柳直盛にも同文の書状が出されている（『譜牒余録』巻五八「一柳土佐守」）。
(21)『朝野旧聞裒藁』慶長五年八月二九日条。
(22)『朝野旧聞裒藁』第二二巻「別録、庚子信濃国上田攻城始末」之七。
(23)同前「信濃国上田攻城始末」之三。
(24)同前「信濃国上田攻城始末」之六。
(25)同年九月一四日付、秀忠書状［藤堂高虎宛］（『譜牒余録』巻二五「藤堂和泉守」）。
(26)『朝野旧聞裒藁』同年九月一一日条。
(27)同右。
(28)二木謙一『関ヶ原合戦』六二ページ。
(29)中村前掲『家康伝』第八「関原戦争」三二二ページ。
(30)三成はもともと「輝元御出馬無之事、拙子体は尤と存候、家康不被上にハ、不入かと存候」（同年九月一二日付、三成書状［増田長盛宛］——『古今消息集』）という考えをもっていた。それだけに家康の隠密急行の作戦は、三成に輝元出馬の機会を失わせたと見るべきなのだろう。
(31)『朝野旧聞裒藁』同年九月一四日条。
(32)同右。
(33)『朝野旧聞裒藁』同年九月一五日条。
(34)『慶長年中卜斎記』中之巻（『改定史籍集覧』第二六冊）六三ページ。
(35)『寛政重修諸家譜』第二輯、二六三ページ。
(36)『岩淵夜話』第二冊（東京大学史料編纂所蔵）。
(37)『徳川諸家系譜』（続群書類従完成会、一九六四）第一冊、三九ページ。
(38)『新井白石全集』（国書刊行会、一九〇五）第一巻「薩摩守殿」。
(39)太田牛一著。内閣文庫蔵。
(40)『朝野旧聞裒藁』慶長五年七月一九日条所引。
(41)内閣文庫蔵。
(42)『朝野旧聞裒藁』慶長五年八月五日条所引。
(43)黒川真道編『国史叢書』（国史研究会、一九一六）
(44)京都大学文学部蔵。
(45)『朝野旧聞裒藁』第二一巻「別録、庚子九月十五日御先手接戦始末」之一四。同書では井伊直政と松平忠吉らは島津隊に突入していったとしている。
(46)同年七月七日付、家康軍法書（中村前掲『新訂徳川家康文書の研究』中巻、五〇一ページ）。
(47)前掲「庚子九月十五日御先手接戦始末」之一四。
(48)『関原御合戦当日記』（『関ヶ原合戦史料集』三九五ページ以下）

(49)『寛政重修諸家譜』第一一輯、二〇八ページ。前掲「庚子九月十五日御先手接戦始末」之六、一六。
(50)徳富前掲『近世日本国民史・関原役』第一九章八七。
(51)『朝野旧聞裒藁』慶長五年九月一五日条、『関原軍記大成』巻二五。
(52)前掲「庚子九月十五日御先手接戦始末」之一〇。
(53)前掲「庚子九月十五日御先手接戦始末」之七。
(54)『関原御合戦当日記』
(55)「庚子九月十五日御先手接戦始末」之一四〜一八。
(56)「庚子九月十五日御先手接戦始末」之一四。ただし『朝野旧聞裒藁』はこの忠吉の手柄を開戦直後のこととしているが、最後の島津追撃戦のこととする『岩淵夜話』および『関原御合戦進退秘訣』(参謀本部編前掲『日本戦史・関原役』付録「補伝」)の記述の方が妥当と思われる。
(57)第二章註44参照。
(58)徳富前掲『近世日本国民史・関原役』第二一章九六。
(59)『立斎旧聞記』(『続々群書類従』三)
(60)『関ヶ原町史』通史編上巻、四一四ページ。
(61)『北川遺書記』(内閣文庫蔵)
(62)同年一〇月二日付、黒田長政書状［吉川広家宛］、同月三日付、吉川広家誓詞［福島正則・黒田長政宛］(『吉川家文書』二〇)。
(63)同右、吉川広家誓詞。
(64)『戸田左門覚書』(内閣文庫蔵)
(65)参謀本部編前掲『日本戦史・関原役』二三三ページ。
(66)『寛政重修諸家譜』第二輯、三七〇ページ。

(67)同　前第一一輯、三三九ページ。
(68)慶長五年一一月一二日付、家康書状［黒田如水宛］（中村前掲『新訂徳川家康文書の研究』中巻、七九〇ページ）。
(69)『旧記雑録』、徳富前掲『近世日本国民史・関原役』第二十二章。
(70)白石一郎・原口泉「薩摩島津氏一歩も譲らず」（『歴史誕生』14、角川書店、一九九二）

第四章

(1)藤野保『新訂幕藩体制史の研究』（吉川弘文館、一九七五）二〇五ページ、高木昭作「江戸幕府の成立」（『岩波講座・日本歴史』近世1、岩波書店、一九七五）一二四ページ。
(2)『譜牒余録』巻二十一「松平右衛門佐」。
(3)『慶長年中卜斎記』中之巻。
(4)『大日本史料』慶長八年二月一二日条。外記宣旨として右大臣、牛車、源氏長者、兵仗に関する四通が、官務宣旨として征夷大将軍、淳和奨学両院別当、源氏長者、牛車に関する四通が発給されている。征夷大将軍への任官にともなって、源氏長者以下の諸種の礼遇の宣旨が下されるのは足利義満以来確立された足利将軍家の伝統である。ただし歴代の足利将軍にあっては、これら諸種の宣旨は年次を追って順次発給されていくものであるが、徳川家康からは将軍任官時の同時一括発給のかたちとなっている。
(5)本問題を扱った代表的な論著として以下のものがある。
　三上参次『江戸時代史』第一章第一節「将軍宣下および土木工事」。
　栗田元次『江戸時代史・上巻』第二章「江戸幕府の成立」。
　中村孝也『家康伝』第一〇「将軍在職中」。
　辻達也『江戸開府』（『日本の歴史』13、中央公論社、一九六六）

藤野保『日本封建制と幕藩体制』第六章「江戸幕府論」(塙書房、一九八三)。

高木昭作「江戸幕府の成立」(『岩波講座・日本歴史』近世1)

同『日本歴史大系・近世』第三章第一節「江戸幕府の成立」。

これまでの研究では、家康の将軍任官について、関ヶ原の合戦で確立された家康の覇権を、公式的な政治制度のかたちに仕上げたものという理解は、あまりにも自明のこととして明示的には論及されないことも多い。むしろ家康の将軍任官については、関白職ではなくて将軍職であったことの意味が問題とされたり、あるいは一切の朝廷官職からの離脱をはかった信長の政権構想との比較が論ぜられるというかたちで検討される。しかしそこでも前述の理解それ自体は、自明のこととして前提的に合意されているのである。ただ栗田元次氏の所説では、家康の将軍宣下が秀頼の地位を脅かすものとして政治的軋轢が生じていること、家康がそれへの慰撫策をさまざまに用いていることなどについて詳細な分析がなされている(同氏前掲『江戸時代史・上巻』八二ページ以下)。

(6)朝尾直弘「幕藩制と天皇」(『大系・日本国家史、近世』、東大出版会、一九七五)二一〇ページ、高木前掲「江戸幕府の成立」一二二ページ。

(7)中村前掲『新訂徳川家康文書の研究』中巻、七七〇ページ。

(8)朝尾前掲「幕藩制と天皇」

(9)慶長三年四月に六歳で朝廷官位が従二位中納言、同六年三月に大納言、同七年正月に正二位に昇叙、同八年四月に内大臣に進み、同一〇年四月には十三歳で右大臣に昇任している(『公卿補任』)。幼年でのこのような急速な昇進は、秀頼が摂関家の当主なみの存在であることを公に示すものであろう。

(10)『史料総覧』慶長五年一二月一九日条。

(11)『舜旧記』慶長五年一二月二一日条(『史料纂集』、続群書類従完成会、一九七〇)。

(12)今谷明『武家と天皇』(岩波新書、一九九三)一一二ページ。

(13)三上前掲『江戸時代史』(一)二〇二ページ、栗田前掲『江戸時代史・上巻』八五ページ。
(14)中村前掲『新訂徳川家康文書の研究』
(15)『大日本史料』慶長七年二月一四日条。
(16)足利義昭は天正元(一五七三)年に信長に京都を追われたのちも、なお制度的には将軍位にとどまり、中国地方の毛利氏などに寄寓していたが、後陽成天皇の聚楽第行幸のあった同一六年に落飾して昌山と号し、ここに足利将軍家は名実ともに消滅した。昌山義昭は慶長二(一五九七)年に大坂で没している。
(17)本問題については朝尾直弘氏が、慶長八年の開幕以後も豊臣秀頼およびその直属大名の朝廷官位の執奏権は徳川将軍から独立していたと推定し(「幕藩制と天皇」二二六ページ)、高木昭作氏は家康の将軍任官以後もなお西国大名と豊臣秀頼が結びつくような状況が慶長一〇年頃までつづいている点を重視している。また藤井譲治氏も後述の慶長一六年四月の「三ヵ条誓詞」に秀頼の名の見えないことなどを指摘しており、豊臣秀頼の地位が徳川政権下のたんなる一大名に転落したものではないということについて、徐々に認識が新たになりつつある。
　本書の立場はこれらの研究史的事実を踏まえたうえで、これを筆者の関ヶ原合戦に関する見解と連関させつつ、二重公儀体制なる理解をもって、この時期の国制構造上の問題として仮説提示したところにある。
(18)栗田前掲『江戸時代史・上巻』九三ページ、高木前掲「江戸幕府の成立」一三一ページ。
(19)米沢温故会。
(20)『旧記雑録後編』四-八四号(『鹿児島県史料』黎明館、一九八三)。
(21)同四―七〇号。
(22)『大日本史料』慶長一〇年六月二八日条。

(23)『大日本史料』慶長一三年正月二七日条、同一四年正月一七日条、同一五年正月一八日条、同一六年正月八日条など。この勅使、公家衆の大坂参向については栗田前掲『江戸時代史・上巻』九二ページ参照。
(24)朝尾前掲「幕藩制と天皇」
(25)『大日本史料』慶長八年七月二八日条。
(26)『当代記』慶長一二年三月二五日条（『史料雑纂』三）。
(27)『大日本史料』慶長八年一一月一三日条。
(28)高木前掲「江戸幕府の成立」一二六ページ参照。高木氏はこの蔵入米の使用に幕府役人が介在しているという観点から、この算用状を取りあげられている。本書では慶長九年になってなお、太閤蔵入地の差配が大坂方によってなされ、蔵米が大坂に運搬されている事実のほうに注目して扱っている。
(29)『大日本史料』慶長九年三月二八日条。
(30)『大日本史料』慶長一六年三月二八日条。
(31)『当代記』慶長一六年三月二八日条。
(32)「小須賀氏聞書」（『朝野旧聞裒藁』五九〇巻所引）、『徳川実紀』慶長一六年三月二八日条。
(33)前田育徳会・尊経閣文庫蔵。本文書は正文の誓詞が作成された直後に、精密に筆写された写しである。『御当家令条』第一号（『近世法制史料叢書』1、創文社、一九五九）。
(34)藤井譲治「『法度』の支配」（『日本の近世』3、中央公論社、一九九一）二〇ページ。
(35)三上前掲『江戸時代史』（一）二〇八ページ、藤井前掲「『法度』の支配」二〇ページ。

参考文献

史料

東京大学史料編纂所編『大日本古文書・吉川家文書』(東京大学出版会)
東京大学史料編纂所編『大日本古文書・毛利家文書』(東京大学出版会)
東京大学史料編纂所編『大日本古文書・島津家文書』(東京大学出版会)
東京大学史料編纂所編『大日本古文書・伊達家文書』(東京大学出版会)
江戸幕府編『譜牒余録』(『内閣文庫影印叢刊』一九七三年)
伊地知季安編『薩藩旧記雑録』(『鹿児島県史料』、黎明館、一九八一年)
米山一政編『真田家文書』(長野市、一九八一年)
編者不詳『古今消息集』(国立公文書館内閣文庫蔵)
西笑承兌『西笑和尚文案』(京都相国寺蔵、東京大学史料編纂所写本)
中村孝也『新訂徳川家康文書の研究』(日本学術振興会、一九八〇年)
藤井治左衛門『関ヶ原合戦史料集』(新人物往来社、一九七九年)
東京大学史料編纂所編『大日本史料』(東京大学出版会)
林述斎監修『朝野旧聞裒藁』(『内閣文庫所蔵史籍叢刊』特巻、汲古書院、一九八三年)
林述斎監修『徳川実紀』(『新訂増補国史大系』、吉川弘文館)
宮川尚古『関原軍記大成』(黒川真道編『国史叢書』、国史研究会、一九一六年)
新井白石『藩翰譜』(『新井白石全集』第一巻、国書刊行会、一九〇五年)
木村高敦『武徳編年集成』(名著出版、一九七六年)

成島司直編『改正三河後風土記』（桑田忠親校注、秋田書店、一九七七年）
林羅山監修『寛永諸家系図伝』（続群書類従完成会）
林述斎監修『寛政重修諸家譜』（続群書類従完成会）
駒井重勝『駒井日記』（『改定史籍集覧』第二五冊。藤田恒春編増補版、文献出版、一九九三年）
立花宗茂『立斎旧聞記』（『続々群書類従』第三冊、国書刊行会）
松平忠明撰『当代記』（『史籍雑纂』二、続群書類従完成会）
太田牛一『関原状』（国立公文書館内閣文庫蔵）
板坂卜斎『慶長年中卜斎記』（『改定史籍集覧』第二六冊）
林羅山・春斎編『関原始末記』（『改定史籍集覧』第二六冊）
著者不詳『福島大夫殿御事』（『改定史籍集覧』第一五冊）
牧丞大夫編『細川忠興軍功記』（『改定史籍集覧』第一五冊）
大道寺友山『岩淵夜話』（東京大学史料編纂所蔵）
姜沆『看羊録』（東洋文庫、平凡社、一九八四年）
前野家文書『武功夜話』（新人物往来社、一九八八年）

論　著

参謀本部編『日本戦史・関原役』（村田書店、一九七七年）
二木謙一『関ヶ原合戦』（中公新書、一九八二年）
小和田哲男編『関ヶ原合戦のすべて』（新人物往来社、一九八四年）
藤井治左衛門『関原戦史』（西濃印刷、一九二六年）
徳富蘇峰『近世日本国民史・家康時代上巻　関原役』（民友社、一九二三年。講談社学術文庫、一

九八一年）
柴田顕正編『徳川家康と其周囲』（『岡崎市史』別冊、岡崎市、一九三六年）
中村孝也『家康伝』（講談社、一九六五年）
中村孝也『家康の臣僚　武将篇』（新人物往来社、一九六八年）
桑田忠親『豊臣秀吉研究』（角川書店、一九七五年）
今井林太郎『石田三成』（吉川弘文館、一九六一年）
原田伴彦『関ヶ原合戦前後』（創元社、一九五六年）
松好貞夫『関ヶ原役―合戦とその周辺―』（人物往来社、一九七一年）
岡本良一他編『関ヶ原合戦図』（『戦国合戦絵屏風集成』3、中央公論社、一九八〇年）
不破幹雄「関ヶ原合戦」（『関ヶ原町史』通史編上巻第五章、関ヶ原町、一九九〇年）
笠谷和比古「家康の戦略―検証・関ヶ原の合戦」（『創造の世界』八三号、一九九二年）
笠谷和比古「関ヶ原合戦の政治史的意義」（宮川秀一編『日本史における国家と社会』思文閣出版、一九九二年）
小和田哲男『関ヶ原の戦い―勝者の研究、敗者の研究』（三笠書房、一九九三年）
加来耕三『家康の天下取り』（日本経済新聞社、一九九三年）
栗田元次『江戸時代史・上巻』（『綜合日本史大系』一七巻、内外書籍、一九二七年。復刊、近藤出版社、一九七六年）
三上参次『江戸時代史』（冨山房、一九四三年。講談社学術文庫、一九七六年、新装版一九九二年）
北島正元『江戸幕府の権力構造』（岩波書店、一九六四年）
藤野保『新訂幕藩体制史の研究』（吉川弘文館、一九六一年。新訂版、一九七五年）

朝尾直弘「豊臣政権論」（『岩波講座・日本歴史』近世1、岩波書店、一九六三年）
辻達也『江戸開府』（『日本の歴史』13、中央公論社、一九六六年）
朝尾直弘「幕藩制と天皇」（『大系・日本国家史　近世』、東京大学出版会、一九七五年）
高木昭作「江戸幕府の成立」（『岩波講座・日本歴史』近世1、岩波書店、一九七五年）
高木昭作「江戸幕府の成立」（『日本歴史大系3　近世』山川出版社、一九八八年）
桑田忠親編『豊臣秀吉のすべて』（新人物往来社、一九八一年）
藤野保『日本封建制と幕藩体制』（塙書房、一九八三年）
佐々木潤之介『幕藩制国家論』上下（東京大学出版会、一九八四年）
藤木久志『豊臣平和令と戦国社会』（東京大学出版会、一九八五年）
水林彪『封建制の再編と日本的社会の確立』（山川出版社、一九八七年）
高木昭作『日本近世国家史の研究』（岩波書店、一九九〇年）
山本博文『幕藩制の成立と近世の国制』（校倉書房、一九九〇年）
藤井譲治『江戸開幕』（『日本の歴史』一二、集英社、一九九二年）
笠谷和比古『近世武家社会の政治構造』（吉川弘文館、一九九三年）
今谷明『武家と天皇』（岩波新書、一九九三年）

原本あとがき

一書を脱稿したときというのは、安堵感とともに書ききれなかったことへの心残りの気持ちとが、ない交ぜとなって去来していくものであるが、本書の場合には、殊にその思いを深くしている。

関ヶ原の合戦は、近世の徳川幕藩体制の始源をなすものであり、この政治体制の性格の解明を研究課題としている著者にとっては、論文などの中で同合戦に言及し、その意義について考察することはいうまでもなく不可欠なことであり、これまでにも折にふれておこなってきた。

だがそこから更にすすんで、この合戦の経過のディテールにまで強い関心を抱くにいたったのは、もう少し別の事情からのことであった。

私も毎年、学生諸君に対して幕藩体制論や武家社会論をテーマにして講義をおこなっており、その中でおのずから関ヶ原の合戦も取りあげていくのであるが、同合戦における東西両軍の布陣図を見ていてどうも腑に落ちないところがあった。毎年この布陣図をながめながら漠然と感じていた疑問である。

どうして家康方の東軍には、こんなにも豊臣系の諸大名が多いのだろうかという素朴な疑問であった。福島正則しかり、黒田長政しかり、そして池田輝政、浅野幸長、山内一豊、田中吉政、加藤嘉明などといった豊臣大名がいたるところに見えるのは何ゆえなのであろうかという問題であった。

なるほど、東軍に豊臣大名の多いのは、この関ヶ原の合戦がそれに先立つ会津討伐の軍事的展開の帰結としてあるからであり、会津遠征に家康とともに参加していた豊臣系大名が、関ヶ原の合戦では家康方の東軍として働いたからにほかならなかった。

それは了解されるのであるが、だがそれにしても、この布陣図の全体からにじみ出てくる異様さはどうしたことであろうか。それはすなわちこの図における徳川系武将の少なさに起因していると思われるのであって、そこには東軍先鋒の井伊直政・松平忠吉および本多忠勝の三者の部隊しか見ることができないのである。

たしかに彼らの後方には桃配山の本陣を中心として家康のひきいる三万余の徳川の大部隊があって、布陣図のうえでもひときわ大きなコマのかたちで表現されているのがつねである。それでいちおう東軍内部で豊臣系の諸勢力とのバランスがとれているように見えており、それゆえに、この布陣図はとくには問題とされてはこなかったのかもしれない。

しかし武家社会の研究をとおして軍陣の配置のなかでも、先鋒、先手備の軍事的重要性、およびそれのもたらす政治的重要性といった問題を認識してきた著者にとっては、東軍先鋒諸隊のなかでの徳川兵力の少なさには強い関心を持たざるをえなかった。

そこでこの問題を明確にするために、三万余の人数を擁しているという家康本陣にある徳川の兵力がどのような性格のものであるかを、具体的に明らかにする必要に思いいたった。こうしてこれまでの研究では手をつけてこられなかった、家康本陣の部隊のコマの中身を開いてみるという作業にとりかかったのであった。

そしてこの作業は同時に、これまでにもよく知られている次のエピソードと関連させてなされるべきであろうと感じた。すなわち家康の嫡子にして、この合戦の折に中山道を西上していた徳川秀忠のひきいていた三万余の徳川軍は、西軍方に属した真田昌幸のたてこもる信州上田城の攻略に時日をむなしくして、関ヶ原の合戦に遅れてしまったという事実との関連においてである。

秀忠もまた西軍石田方との決戦が近いとの報をえて、上田をあとにした後は中山道を西に急いでいたのであるが、九月一七日に信州妻籠の地で関ヶ原の合戦における東軍大勝の知らせを受け、その後は日に一五里余も急行して、同二〇日にようやく近江国草津の地で家康の部隊に合流することをえたのであった。しかし家康は秀忠およびその随従の将士に対面をゆるさず、その三日後の同二三日にいたって大津においてようやく対面をゆるされたのであった。

家康の不興は、秀忠の部隊が美濃国あたりにおいて家康の部隊と合流し、両者あいまって西軍と決戦におよぶことを予定していたことを示しており、そして結果的には、その作戦に大きな誤算が生じてしまったことを意味しているのであろう。

そして関ヶ原における布陣図の奇妙さは、おそらくは右の事実に由来するものなのであろう。そしてそのことは、秀忠がひきいていた三万余の徳川部隊とはいったいどのような性格のものであり、またそれは家康のひきいていた部隊とはどのような関係にあるものであったのか、という問題を投げかけることとなるのである。

そしてまた家康の戦略上の誤算と、それがもたらす政治的帰結についての立ち入った分析が不可欠となるのであり、この問題は近世の幕藩体制そのものの検討に際しても、従前とは異なる分析視角を必要とすることになるであろう。

著者はこの関ヶ原合戦についての着想を、山折哲雄教授の主宰される座談会形式の研究発表会で「家康の戦略―検証・関ヶ原の合戦」と題してはじめて公にしてみた（「創造の世界」八三号に収録）。そして幸いなことに同座談会に出席の諸氏からは好評をもって迎えられたのであった。

そこで著者はこの着想をより厳格な論証のかたちに仕上げるべく、論文「関ヶ原合戦の政治史的意義」（宮川秀一編『日本史における国家と社会』、思文閣出版、一九九二年に所収。のち拙著『近世武家社会の政治構造』吉川弘文館、一九九三年に収録）を作成した。

本書はこの主題についての三度目の叙述ということになる。前二回が、関ヶ原の合戦における徳川部隊の構成のあり方が焦点であったのに対して、本書はその研究成果を踏まえつつ、石田方西軍の動向も視野に入れて、関ヶ原合戦の全体像を明らかにすることを課題とするものである。

講談社学術局の編集者横山建城氏は、はやくに「創造の世界」掲載の拙稿に注目され、これを基にした関ヶ原合戦論を一書にまとめ、このたびの選書のうちに収めることを勧められた。歴史家として、関ヶ原合戦の本格的叙述の機会をあたえられることは、その冥利につきるものであり、このお勧めを喜んで引き受けさせていただいた次第なのである。

しかしながらこの主題は、登場する人物の多彩さ、事物の多岐にわたる複雑な展開、論点の重層性といった奥行きのひろい独特の性格をもっており、他方では関係諸史料の膨大さという事情があり、著者がこれまで取り組んできた研究課題のなかでも、やはり屈指の難物であったということができるであろう。

著者も本書の作成にあたっては相当にエネルギーを要したが、編集者の横山氏もまた不眠不休の状態で編集作業に取り組み、ともすれば思いなずんで執筆の歩みが止まりかかる著者に対しても叱咤激励を続けられたものであった。こうして本書は無事に出版のはこびとなったが、そのような意味からしてもこれは著者と編集者との共同の産物といってよいであろう。横山氏のご尽力に心から謝意を表するものである。

また、このたびに限ったことではないが家族の皆々の支えがあってこそ本書は完成をみたのでもある。私事ではあるけれども、この場をかりて、いつもながら迷惑をかけている家族の全員に対して、感謝の気持ちを捧げることをお許しいただきたい。

平成五年一二月六日

笠谷和比古

マ　行

ヤ　行

ラ　行

ワ　行

サ　行

索　引

ア　行

カ　行

本書の原本（講談社選書メチエ）は一九九四年二月、小社から刊行されました。

笠谷和比古（かさや　かずひこ）

1949年神戸生まれ。京都大学文学部卒業。同大学院博士課程修了。文学博士。国際日本文化研究センター名誉教授。専攻は日本近世史・武家社会論。著書に『新訂日暮硯』『主君「押込」の構造』『近世武家社会の政治構造』『士（サムライ）の思想』などがある。

講談社学術文庫

定価はカバーに表示してあります。

関ヶ原合戦《せきがはらかつせん》　家康《いえやす》の戦略《せんりやく》と幕藩体制《ばくはんたいせい》

笠谷和比古《かさやかずひこ》

2008年1月10日　第1刷発行
2017年6月12日　第7刷発行

発行者　鈴木 哲
発行所　株式会社講談社
　東京都文京区音羽 2-12-21 〒112-8001
　電話　編集（03）5395-3512
　　　　販売（03）5395-4415
　　　　業務（03）5395-3615
装　幀　蟹江征治
印　刷　慶昌堂印刷株式会社
製　本　株式会社国宝社

ISBN978-4-06-159858-4

「講談社学術文庫」の刊行に当たって

これは、学術をポケットに入れることをモットーとして生まれた文庫である。学術は少年の心を養い、成年の心を満たす。その学術がポケットにはいる形で、万人のものになることは、生涯教育をうたう現代の理想である。

こうした考え方は、学術を巨大な城のように見る世間の常識に反するかもしれない。また、一部の人たちからは、学術の権威をおとすものと非難されるかもしれない。しかし、それはいずれも学術の新しい在り方を解しないものといわざるをえない。

学術は、まず魔術への挑戦から始まった。やがて、いわゆる常識をつぎつぎに改めていった。学術の権威は、幾百年、幾千年にわたる、苦しい戦いの成果である。こうしてきずきあげられた城が、一見して近づきがたいものにうつるのは、そのためである。しかし、学術の権威を、その形の上だけで判断してはならない。その生成のあとをかえりみれば、その根は常に人々の生活の中にあった。学術が大きな力たりうるのはそのためであって、生活をはなれた学術は、どこにもない。

開かれた社会といわれる現代にとって、これはまったく自明である。生活と学術との間に、もし距離があるとすれば、何をおいてもこれを埋めねばならない。もしこの距離が形の上の迷信からきているとすれば、その迷信をうち破らねばならぬ。

学術文庫は、内外の迷信を打破し、学術のために新しい天地をひらく意図をもって生まれた。文庫という小さい形と、学術という壮大な城とが、完全に両立するためには、なおいくらかの時を必要とするであろう。しかし、学術をポケットにした社会が、人間の生活にとってより豊かな社会であることは、たしかである。そうした社会の実現のために、文庫の世界に新しいジャンルを加えることができれば幸いである。

一九七六年六月

野間省一

森　茂暁著
建武政権　後醍醐天皇の時代
混沌の中世に一瞬、開花した公家一統体制。それは復古反動か、封建王政か？　延喜・天暦の治を理想とする天皇の政権はどのように誕生し、どんな構成と性格を有し、滅んでいったのか。後醍醐の夢と挫折を解明。
2115

若桑みどり著
フィレンツェ
ダ・ヴィンチやミケランジェロ、ボッティチェッリら、天才たちの名と共にルネサンスの栄光に輝く都市。その起源からメディチ家の盛衰、現代まで、市民の手で守り抜かれた「花の都」の歴史と芸術。写真約二七〇点。
2117

袖井林二郎編訳
吉田茂＝マッカーサー往復書簡集［1945—1951］
「戦争で負けても外交で勝つ」と言った吉田。彼が秘した無数の手紙は占領軍との息詰まる折衝を明らかにする。何を護持したかったのか？　一体何が保守できたのか？　孤軍奮闘、臣茂。民主改革、阻むため。
2119

H・G・ウェルズ著／下田直春訳
世界文化小史
「SFの父」による一気通読の世界史。第一次大戦の惨禍を経て、さらなる大戦争の恐怖を前に執筆された本書は、地球と生命の誕生に始まる人類の歩みを大きな視点で物語る。現代に通じる文明観に満ちた名著！
2122

加藤祐三著
幕末外交と開国
日米双方の資料から、黒船に揺れた一年間を検証し、無能な幕府が「軍事的圧力」に屈して不平等条約を強いられたという「日本史の常識」を覆す。日米和親条約は、戦争によらない平和的な交渉の成果だった！
2133

横井　清訳（解説・藤田　覚）
新井白石「読史余論」　現代語訳
「正徳の治」で名高い大儒学者による歴史研究の代表作。古代天皇制から、武家の発展を経て江戸幕府成立にいたる過程を実証的に描き、徳川政権の正当性を主張。先駆的な独自の歴史観を読みやすい訳文で。
2140

歴史・地理

日下雅義著
地形から見た歴史　古代景観を復原する
「地震」「水害」「火山」「台風」……。自然と人間によって、大地は姿を変える。「津」「大溝」「池」……。『記紀』『万葉集』に登場する古日本の姿を、航空写真、地形図、遺跡、資料を突合せ、精確に復原する。

2143

J・ギース、F・ギース著／栗原　泉訳
大聖堂・製鉄・水車　中世ヨーロッパのテクノロジー
「暗闇の中世」は、実は技術革新の時代だった！　建築・武器・農具から織機・印刷まで、直観を働かせ、失敗と挑戦を繰り返した職人や聖職者、企業家や芸術家たちが世界を変えた。モノの変遷から描く西洋中世。

2146

石井寛治著
日本の産業革命　日清・日露戦争から考える
日本の近代化を支えたものは戦争と侵略だったのか？　外貨排除のもとでの民業育成、帝国の利権争い、アジア侵略への道程を解析し、明治の国家目標「殖産興業」が「強兵」へと転換する過程を探る、劃期的な経済史。

2147

檀上　寛著
永楽帝　華夷秩序の完成
簒奪、殺戮、歴史の書き換え……。その果てに永楽帝が築き上げた繁栄は明を中心とした華夷秩序にまで発展し、東アジア周辺諸国は中華の〈世界システム〉に組み込まれた。その発生経緯と構造を読み解く。

2148

関　幸彦著
武士の誕生
古代の蝦夷との戦争が坂東の地に蒔いた「武の遺伝子」は、平将門、源義家、頼朝らによって育まれ、開花した。地方の「在地領主」か、都の「軍事貴族」か。「武士」とはそもそも何か。起源と成長をめぐる新視点。

2150

池内　紀著
悪魔の話
ヨーロッパ人をとらえつづけた想念の歴史。彼らの不安と恐怖が造り出した「悪魔」観念はやがて魔女狩りという巨大な悲劇を招く。現代にも忍び寄る、あの悪夢を想起しないではいられない決定版・悪魔学入門。

2154